Mi perverso y yo

4

Paola Maldondo

Tabla de contenido

Paola Maldondo

6

Dedicatoria

Este libro es la locura más grande de mi corazón, y es dedicado a una persona muy especial en mi vida, una que llevaré tatuada en mi alma para siempre y sé que él también me llevará en su mente, será difícil olvidar el romper las reglas y por un momento vivir en un mundo donde solo existíamos él y yo

Jaime es un hombre digno de admirar, lo veo y me enorgullece haberme subido al tren de su vida, pero cómo todo, mi estación llegó y con ella, el punto final.

Siempre quise empezar a escribir un libro, uno especial, y he vivido mil aventuras, pero ninguna me cautivó tanto para hacerlo realidad y eso te lo debo a ti.

Gracias, gracias, gracias Jaime por haberme dado vida en el momento que estaba desfallecida, por haber sido ese motor que echó andar la inspiración, por ser el dueño de tantas sonrisas, incluso, en medio del llanto y de la batalla de mi vida y por tantas locuras que no se contaron y que se quedarán secretas en el corazón.

Quizás en otra vida nos volvamos a encontrar, quizás no me olvides jamás, pero hoy sabes que tú fuiste la inspiración de mi primer libro, y aunque he escrito más de mil letras, estás tomaron la valentía *para ser cuerpo de un libro llamado "Mi Perverso y Yo".*

8

Agradecimientos

Creo que la mayor virtud de la vida, es el agradecimiento, y por ello estás tú en mi mente: Jairo Buitrago, compañero de grandes batallas, de noches sin dormir, de días de risa, y otros llenos de dolor. Amigo incondicional en todo momento, en cada circunstancia, en cada alegría y obstáculo de la vida, estás tú. Cómplice literario, y qué gracias a las letras, llegaste a mí vida como un poema sin final, uno en dónde día a día se escriben versos de una sólida amistad, en dónde el "tú puedes, cariño" siempre está, en el qué sigue adelante y cumple tu sueño, tengo fe en ti, ¡hazlo! Porque sé que ese primer libro será grande. A ti te debo en parte este libro, por todo ese apoyo emocional que me has dado, por la confianza en mis locuras, por la certeza del qué sí se puede y hoy está aquí en nuestras manos.

Gracias, gracias, gracias por no dejarme tirar el papel, el lápiz y el corazón, hoy está el resultado a todo este esfuerzo..."Mi perverso y yo"

También quiero agradecer a mi gran amiga: Bellanira Ibarra, más que amiga, más que hermanas, compañera de una década de batallas, de alegrías, de tristezas, de fortaleza, de confianza, de un cariño y respeto por lo que hacemos, por ese apoyo moral del sí se puede, por no soltarme la mano en los momentos más difíciles de mi vida, ella quién conoce lo bueno y lo malo de mí y que nunca, nunca desconfío que yo sí podía con todo, incluso con este libro que hoy sale a luz. Te quiero amiga, gracias, gracias, gracias por estar y gozar de mis triunfos.

9

Paola Maldondo

Agradezco a todos mis seguidores, aquellos que están ansiosos por leer esta locura de mi corazón, estás letras llenas de erotismo, sensualidad y amor, gracias, gracias, gracias.

PROLOGO

Esta historia es basada en el sexo y pasión de dos personas maduras que entraron en desenfreno al conocerse. Todo tiene un inicio y un final y quisiera decir que esto no terminará, pero la vida es así, hoy estamos y mañana no.

El tiempo me ha enseñado a saber quién soy y a quedarme en donde me saben cuidar, ya a mi edad no busco un puesto, quien quiera tenerme en su vida me pondrá en ella; claro está que en el momento que me abracen, sintiéndome amada y protegida, yo haré lo imposible para quedarme, haciendo un balance promedio de dar y recibir.

Y esta es una historia llena de erotismo, pasión y poesía al sentirme por primera vez dominada, ante las manos de un hombre, por primera vez alguien descifro la perversión en mis ojos y descubrió la manera de que me entregara en cada caricia que penetra en mi cuerpo, hizo de mí una sumisa cuando no me someto a los deseos de un hombre, él es MI SEÑOR, MI PERVERSO Y YO, y yo solo cuento una historia de sexo en plena pandemia.

11

Este llevará 15 capítulos en donde se relatarán encuentros eróticos y efímeros de dos personas que se encontraron por casualidad y capricho del destino. Olvidando el romance, el amor y la conquista que hay en dos individuos que llegan a satisfacerse a plenitud en una cama, o, mejor dicho, en un rincón de una tienda llena de perversión.

Lo complementará un poemario de tres secciones cada uno con 30 poemas, en donde podrás leerlos de distintas formas: en las mañanas tomando un café, en el trascurso de la tarde con una merienda o al caer la noche para encontrarse con los suspiros. Cabe destacar que puedes leer uno de cada sección, combinando los tres o quizás los entrelaces fácilmente con cada capítulo de la historia.

Paola Maldondo

1   Un poco de mí

Mi nombre es Vanessa, una mujer de 40 y tantos años, separada, con hijos y trabajadora. Y aunque mi vida será relato para otra historia, si quiero contar una parte intima de mí.

He disfrutado del sexo y del placer con las pocas parejas que he tenido en mi vida, han sido satisfactorias, pero siempre tenía un no sé qué, que me hacía falta sentir.

Luego que quedé sola y empecé nuevamente la exploración conmigo misma, mi reencuentro, mi descubrimiento con mis deseos y mis bajas pasiones, hallando rincones escondidos en mi alma, oscuridad morbosa penetrada en mis sentidos, placeres olvidados de mi vientre, disfrutando lascivamente de varios orgasmos a la vez. Sí, me redescubrí sexualmente y es que amarse uno mismo es lo más maravilloso y sano que hay, el deseo siempre estará y hay dejarlo salir, que fluya por tus venas, que paralice los poros de tu cuerpo, que se desgarre la garganta al salir el gemido y el estallido de una derramada en tus manos, con tus movimientos, aprendiendo en donde arrojas más fuego, cuánto goloseas con tus pensamientos y vives a plenitud las fantasías en tu cuerpo. Y ya quería más de mí, ¿hasta dónde iba a llegar?, así que me armé de unos buenos juguetes sexuales y fue sorprenderte lo que descubrí por mí misma y de lo que me atreví hacer con mi amante la soledad.

Realmente la mente es infinita a la hora de satisfacer los placeres que dejas salir a luz, esos que te llenan y te dejan completamente plena y satisfecha contigo mismo, me convertí en una fiera de mi carne, en asesina de placeres plasmados en mi piel y derrochadora de orgasmos infinitos en mi vientre.

Sabía muy bien que a mi edad, no iba a encontrar el amor y menos un hombre capaz de moverme morbosamente a él, en sentir esa necesidad de entregarme, puede decirse que como una sumisa, pero a la vez dominante sexual, sería imposible encontrar esa alma malvada que saciaría mi sed de sexo y placer, de entrega y pertenencia, de dar y recibir, de convertir el singular en "Nosotros", en verle a la cara y ser el espejo de mi alma malévola, de sentir mutuamente el placer de caer una y otra vez en sus manos y de él caer en las mías en completa LIBERTAD.

¿Existiría tal hombre que me cautivara a volar en su cielo sin cadenas de pertenencia? ¿Llegará a mí vida aquel perverso que despierte la furia de mi ser?... La verdad no lo creí, me resigné a estar en soledad, porque lo que yo tengo es un regalo maravilloso que no se da a cualquiera en mi mirar y menos pensar que en plena pandemia me iba enamorar.

Hasta ese día…

Paola Maldonado

2   Comienza una historia

𝒯odo empezó con una llamada…

- Buenas tardes, ¿Tiene servicio a medio día?
- Claro, sí señor, con gusto le atendemos
- ¿Con quién tengo el gusto de hablar?
- Con Vanessa ¿Y yo?
- Con Danilo, es que tengo unos artículos para reparar, vivo muy cerca, voy y regreso pronto
- Lo espero con mucho gusto.

Esa fue una llamada sorpresiva, con una intuición de un no sé qué en el pecho que hizo que latiera más rápido de lo normal, que lo esperará con ansias. Quería ver quién era el dueño de esa voz que me hizo estremecer, aquella que me llevó por un momento a viajar en el tiempo, pues su dialecto, ese que te envuelve en los años dorados de la educación, del formalismo y el romanticismo. Ese timbre de voz concibió el suspiro en mi ser y sin saber por qué. ¡Qué desconcierto más grande!, ¿Quién era aquel hombre? Solo pensaba: uno de esos señores que ya no existe.

Pasado unos minutos, sonó nuevamente el teléfono

- Buena tarde Vanessa, ya voy llegando. Llevo consigo los artículos de reparación, en un instante estoy allá.

15

Y yo casi enmudecida, esbozando una sonrisa cálida que se sentía en el teléfono le respondí:

– Le espero con mucho gusto.

El timbre de la puerta suena y yo que tiemblo inmediatamente, viendo a un señor alto, con gorra, en vestido deportivo, de buena apariencia y yo que me moría por descubrir su boca detrás del tapabocas. Su mirada se fija prestamente en la mía haciéndome sonrojar y bajar la cabeza. Él tiene una de esas miradas en las que uno no se puede resistir por mucho tiempo, es de esas miradas donde transmite el fuego de su infierno, quemándote la piel, haciendo que tus entrañas vuelvan a la vida y se rieguen como un manantial. Y es que esa mirada forjó la cerradura de mí infierno, localizando mis demonios y ellos bailaron en su mente inmediatamente, jugando a ser cazado y cazada. Esa mirada iba envuelta de ternura, pero enredada de una perversión inimaginable que te hace temblar la razón, esa que desborda los sentidos gritando a por más y al mismo tiempo un deseo intenso de huir, de correr lejos, muy lejos, porque en el momento en el que te atrape no podrás escapar: porque ese infierno que has visto en sus ojos, en esa alma oscura, en ese mar infinito, es el mismo que llevas oculto entre el pecho y espalda, ese mismo que quema tu vientre, añorando caricias muertas, y placeres que has dejado en el limbo, en el olvido de una piel virgen, de la lujuria que escondiste bajo llave para vivirla solo para ti, naufragando y ahogando todos los deseos mundanos que un día deseaste en tu piel. Y esa mirada hizo salir todo eso y más, hizo abrir el cofre prohibido, para ser exhibidos ante sus ojos y dejarme al

16

descubierto: desnuda, huérfana de caricias, fluidos y sexo que empezaba a transpirar en mi piel, ¡Quise ocultar mis ojos de él!

¡Lo juro!, oculté mi mirada de él, ¡Lo hice!, sabía muy bien que sí él me descubriría estaría perdida, pero ¿Quién callaba mi mente?

Lo atendí con la cordialidad que me destaco, ocultando el nerviosismo de estar al lado de él, mi mente era un torbellino de palabras y sensaciones que querían escapar como una ola atrevida al meterse en la orilla del mar, esas me embestían los intestinos con revolcones que me paralizaban ante su presencia, creo que lo despaché más rápido de lo normal, no soportaba su presencia, esa que estaba despertando la mujer lujuriosa que tenía dormida en esos momentos, yo estaba en calma con los deseos carnales y banales, en un estado de paz conmigo misma, de disfrutar de mi intimidad sin la necesidad de pensar en nadie, más que en mis propias fantasías, y él, ahí parado enfrente de mí, me estaba interrumpiendo el pensamiento pasivo y tranquilo, se estaba colando como un ladrón en mis pasiones y convirtiéndose en esas fantasías que llevas a las sábanas mojadas, sin él saber nada.

Suspiré a penas se marchó, pensé que se iba a dar cuenta de la imprudencia de mis pensamientos. Como agradecía tener un tapabocas para que no se diera cuenta de la mordida de mi labio, del suspiro entre cortado y detenido, del sudor excesivo que presenté en su presencia y de los mismos nervios que yo tenía fui descuidada. Debía entregarle unos artículos que no se quedaban, y en el afán de que se marchara los dejé…Solo pensé ¡Qué torpe fui¡, y en cuestión de minutos él había regresado por

17

Paola Maldondo

sus cosas y mi nerviosismo me estaba carcomiendo los huesos al tenerlo ahí nuevamente por culpa de un descuido, y mi cara más apenada por la torpeza, de la cual él hizo caso omiso a ella.

Mis pensamientos no me dejaban tranquila con miles de preguntas, esas les decían a mis pensamientos que no lo esperara, cuando yo ya estaba deseosa de recibir ese mensaje con ansias, de esas palabras y no precisamente de un caballero decente que pregunta por su artículo, si no del hombre perverso que vieron mis ojos y que mi piel ya deseaba por sentir. Sus manos, esas eran delicadas y las quería sobre mí. Gritaba dentro de mí pecho que él rompería el hielo entre los dos, acabando el formalismo de cliente y servidor, para solo quedar el par de humanos amantes del pecado y del infierno en un mirar.

¿Esto sería una broma del destino?,– Me preguntaba una y otra vez, ¡Estamos en plena pandemia! y yo, yo pensaba en él como el hombre que tanto anhelaba mi perversión.

Fue tanta mi conmoción que le conté a mi mejor amiga que había sentido algo muy raro con un cliente, que era una atracción inexplicable, pero que tenía que dejar pasar, en esos instantes de mi vida no tendría espacio para una aventura y menos para abrir mi corazón, ese estaba resguardado de cualquier sentimiento y pasión, solo quería tranquilidad, pero nada es como uno lo piensa y menos como uno se proyecta y yo, yo me veía felizmente con mi soledad.

- ¡Maldita sea!, exclamé en mi interior
- ¡Qué te pasa!, pareces colegiala
- ¡Mírate a esta edad!, y pensado en pecar.

18

Paola Maldondo

Sí, maldije por mis pensamientos, me ultrajé a mí misma por estar anhelando lo prohíbo, por querer sus ojos puestos en mí, aunque mi fuego me decía qué él sentía lo mismo y que solo se estaba conteniendo, lo vi en su mirada aquel día, y descifré el pecado en el mar de sus ojos, lo sentí tanto, que me desconocí en mi silencio, en mi soledad y en mi desnudez, pues era a él a quién quería besando mi espalda para hacerme estremecer, era a él quién se pintaba en el rostro desfigurado de mis fantasías, era él quién tomaba posesión de aquel hombre de mi imaginación, ese hombre ya tenía un rostro, un cuerpo y una voz que me hacía soñar despierta.

Deje luchar con mis maldiciones e ir en contra de mis pensamientos y me sentí libre, libre de amarle a mi antojo, de acariciarle, de besarle desenfrenadamente, de recorrer su cuerpo con mi lengua y de hacerle el amor en las madrugadas de infierno, esas que empapaban mis sábanas mientras mis dedos se introducían en mi vientre, convirtiéndolo en mi más fresca y anhelada fantasía, eso sería Daniel en mi vida, una más para contar en las letras de bajas pasiones, pasando desapercibida ante la realidad de su mirada, ante los mensajes de un cliente, ante su presencia, lo hacía mío y solo mío en mis noches de verano, en esas que los gemidos y gritos sonaban con un eco…su nombre.

Pasaron los días y nuevamente lo tenía en frente, ahí estaba, mirándome, hablando con esa particularidad de caballero y yo, yo derretida por dentro, tratando de controlar mis impulsos de hambre de sexo, de besos y de entrega, solo era un cliente más a

Paola Maldondo

quien atender, engañándome a mí misma para no ver la realidad, él ya estaba en mí, más de lo que yo quería admitir.

Los días pasaban y sus visitas continuaban, cada vez era más notorio mi interés en él, la sonrisa se me dibujaba en el rostro y vaya que se me notaba en mis ojos, por encima de un tapabocas, brillando como luceros al verlo y escucharlo, las tripas se me revolcaban en el estómago y yo con esas ganas de asesinarlas para no sentir ese revoleteo que me haría un día vomitar las palabras.

El trato entre los dos se volvía cada vez más cordial, ya reíamos al mismo tiempo por cualquier chiste de un artículo o simplemente nos mirábamos y con los ojos nos devorábamos, era algo inexplicable, yo me veía en él y él en mí, no eran inventos de mis deseos, era la realidad y yo queriéndola tapar como se tapa el sol con un dedo.

Cada día lo pensaba, pero yo no decía nada, callada me contenía de cometer una locura, huida de su mirada, aunque… cuando dos personas del mismo infierno se encuentran, es imposible detener el incendio que ocurrirá. ¡Pasará!, así detengas al mismo tiempo entre tus dedos, así le arrojes galones de agua para apagar ese fuego, así te prepares mentalmente para un rotundo no, ¡Pasará! y nada ni nadie lo podrá evitar.

¡Oh bendito día!, en el que nos chateamos y salió a luz nuestro pecado, ¡Oh maldito día! en donde mis cabales se salieron de control y le abrí la puerta de par en par en mi destrozado corazón, ¡Oh bendito y maldito día! que marcaría para siempre mi vida, haciéndome escupir las perversiones ocultas de mi alma

3 El mensaje

Tenía que enviar un mensaje, uno común, de los que se le envían a cualquier cliente: "Ya está listo su pedido". No era más lo que tenía que escribir, ¡No era más!, ni daba pie para conversar, era un simple mensaje, pero ese simple mensaje me hacía sudar las manos, temblar las piernas y esa imaginación, ¡Dios!, que me sobra, ya se hacía una película en mi mente perversa, en esa que tanto ocultaba de sus ojos, en esa que ya me mojaba los pensamientos al traer su presencia a mi memoria.

Él muy agradecido por la atención brindaba, siguió con la conversación:

- Es usted muy amable y atenta en lo que hace
- Es usted un caballero, solo cumplo con mi trabajo
- Y la felicito, lo hace muy bien
- Se hace lo posible mi Señor

Y en ese preciso momento, de un coqueteo sutil, de palabras pulcras y decentes, en un abrir y cerrar de ojos, esa conversación se transformó, ni siquiera me di cuenta a qué hora pasó, es más no recuerdo con exactitud el momento exacto en que se prendió el infierno y menos en que instante ya tenía una foto intima de él. No sé si traté de parar esa conversación o más bien le di rienda

suelta a mis pensamientos, ni siquiera sentí pudor, solo deseaba leer más y más, y yo como una niña feliz, de esas que le compran un dulce y no lo suelta, de esas que miro hasta el día de hoy y me desconozco, pues no admito que un hombre me hable morbosamente, soy la Señora y ahí solo era una chiquilla, una adolescente que se retorcía de emoción. Todo estaba ardiendo en ese chat, todo era indecoroso, inadecuado, lleno de lujuria e inapropiado, ¡Todo estaba mal!, pero quién era yo para parar, yo no empecé, fue él y no podía creer lo que estaba pasando, mi intuición no había fallado, aquel señor decoroso y caballero se había visto en mí, de la misma manera en la que me vi en él.

Quizás por un momento entré en razón y me negué a seguir con esta locura y Daniel me dice:

- La vida es hoy, y hoy se nos presentó este momento, ¿Por qué dejarlo ir?, si tú y yo sentimos esa misma conexión, ¿Por qué dejarlo pasar?, si la vida se va.
- Lo sé, sé qué la vida es hoy, pero esto es una locura, ¡Estás loco!, mira a donde vamos, hemos dejado volar la mente y unas bragas se han mojado.
- Mira cómo me tienes, (estaba erecto) es por ti que estoy así, son tus besos los que desean mi cuerpo, es tu miel la que quiero probar, son tus manos las que mi piel reclama para ser acariciado, eres tú y toda tú la que mi alma llama con ansiedad.
- ¡Para!, esto no está bien, a dónde vamos a llegar, no lo resisto, si te viera a los ojos, no podría ocultar más todo

este fuego que me quema, no podría tan si quiera sostener la mirada sin dejar ver mi alma,
¡No podría!
- Vas a poder, porque lo deseas tanto como yo, a las 5:00 pm paso, y no aceptó un no, a esa hora te visito y nos reímos los dos, pues lo que tú sientes, lo siento yo.

A las 5:00 pm se acordó la cita, luego de 3 horas de una conversación caliente, donde las ganas ya estaban mojadas, la sangre hervía por sexo y el deseo ya se olía en mi piel sudaba de pasión desenfrenada, por un encuentro inminente que me iba a llevar a la muerte.

¡Sí, mi muerte anunciada!, adiós a mi negación de estar con un hombre, adiós a lo que me prometí, adiós a mi tranquilidad, adiós a los sentimientos que fluyen con el agua por no llevar piedras dentro, adiós a la mujer inmune al amor, adiós a lo que yo era, porque iba morir y ser otra en el momento que él tocara mi piel.

Mi muerte: 5 p.m. ni un minuto más, ni un minuto menos. Todo estaba expuesto, el juego estaba al descubierto con las cartas sobre la mesa, no había nada que inventar, ya todo estaba planeado en un par de mentes perversas, en un par de mentes que se encontraron como una piedra filosofal, es cómo si el demonio descansara al ver el averno perdido de su infierno, es encontrar ese oasis en mitad del desierto, es el yin yang perfecto, él, mi Señor y Caballero y yo, esa dama con fragancia a locura, con el

23

éxtasis de la llama para prender fuego en el cuerpo, éramos la combinación perfecta

entre dinamita y fuego, entre el bien y el mal, entre la pasión y el sexo. Yacíamos lo que en nuestro corazón anhelábamos, lo infalible, lo inexistente estaba a segundos de ser probado piel a piel.

Él entró con una sonrisa, se quitó por fin su tapabocas y solo podía ver esa boca que me decía que lo besara, esos ojos que gritaban mi nombre, esa voz que me hacía temblar el corazón, esa postura de tranquilidad al saber que haría de mí, mi perdición.

Yo solo reía, creo que mi rostro se tornó rosado, bajando mi mirada, le invité a seguir, no había palabras de más para pronunciar, él estaba ahí para ser follado y follarme hasta el cansancio, éramos dos adultos bastantes grandes para hacer un protocolo para tener sexo, íbamos a ir directo al grano, manos a la presa y sensaciones por vivir.

Se sentó en frente de mí, con esa mirada de "Cómeme ya", con esa luz que decía; – También eres mi perdición, y con ese tono de voz entre dulce y a la vez fuerte me dijo:

– Míralo, mira cómo está por ti.

Paola Maldondo

Tomando mi mano, llevándola a la bragueta de su pantalón para que yo encontrara el tesoro perdido, para que yo le acariciara sus ansias, para que yo lo mirara a los ojos, mientras él me iba masturbando la razón, se me iba mojando el calzón.

Mi mano simplemente hizo lo que le nacía, fue cómo si ella supiera hacerlo temblar, lento, lento bajaba y subía, y Daniel se estremecía sin quitarme la mirada de los ojos, seguía hablándome obsceno, palabras que yo no estaba acostumbrada a escuchar pero que en esos momentos me prendían como fiera, había dejado el caballero a un lado, para convertirse en el vulgar que quería hurgar en mis entrañas, juego, fuego, ¡Juego perverso de mentes!, que nos hizo mantener y detener el tiempo entre las manos.

Con cada movimiento él se iba mojando cada vez más, parecía que salía un chorro de su sexo, el cual yo aprovechaba para mojarlo por la cúspide de su cabeza, ahí donde se une con una delgada línea, ahí donde mi mano frotaba con facilidad, mientras él seguía temblando, mientras sus palabras me hacían arder de deseos, hasta pedirle y suplicarle -lo quiero en mi boca, y esa boca ya mordida se saboreaba por sentirlo hasta la garganta, por lamer toda esa miel que caía a mis pies...

Lo dije: ¡Era mi muerte!, porque a nadie le había pedido tanto, nadie me había desnudado la pasión de esa manera tan desmesurada, nadie había logrado lo que él estaba logrando. Y es que yo no me mojo con poesía barata, ni con palabras y mucho menos con una persona que apenas estaba conociendo, y se lo

dije: – No soy fácil, pero esas palabras fueron vanas, él metió su mano en mi entrepierna, tocando con delicadeza mi zona intima, sin dejar de mirar en mis ojos las reacciones de cada movimiento, y me dice: – Ya estas mojadas.

Y yo pensaba para mis adentros: – ¿Qué me está haciendo?, no podía creer que mi cuerpo respondiera tan bien a sus estímulos, estaba tan desconcertada de sentir que estaba siendo dominada, por Dios ¡Me estaba dominando!¡Eso jamás! pero inevitable permitir tal acto en mí, ni siquiera quise detenerlo, solo recordaba lo que él mismo me había dicho: – La vida es hoy y yo, yo solo repetía en mis adentros: – ¿Por qué me he de negar a este exquisito placer?

Nos cambiamos de sitio, y nos ocultamos a los ojos de los demás. Ahí estaba yo, a sus pies, con mi cabeza en medio de sus piernas, él sosteniendo mi pelo y mi lengua lamiendo toda esa gloria que hervía en mi boca, todas esas venas que estaban a reventar, todo ese grosor en mis papilas gustativas y él, él seguía masturbando mi razón, mientras yo seguía succionando su gloria. Era un juego de resistir, porque todavía no quería dejar salir toda su miel, yo quería su placer, su gozo, su gemido, su grito a la desesperación, a esa que quiere más y más, a esa que se vuelve insaciable en una boca que sabe besar, a esa que le hacía arder en el infierno al dejar su boca seca de tanta excitación.

Y en ese momento, me retiró, me miró a los ojos y me terminó de bajar el calzón, me sentó en aquella silla del rincón, sin decir más nada introdujo sus dedos, despacio, sin prisa, mientras que con la otra mano me acomodaba, llevándome hacía atrás para el tener todo en su cara, a la vista, en primera plana.

Fue muy sigiloso, cómo un ladrón buscando su tesoro. Él sabía que dentro de mí habían perlas preciosas y qué sí las tocaba me haría estallar de euforia, y así lo hizo, escarbo sintiendo las paredes vaginales, aquellas que se estaban contrayendo al sentirlo dentro, aquellas que me delataban de cualquier mentira, aquellas que reaccionaban a cada estímulo que me daba y él, él me miraba a la cara, viendo mi transformación de una dama a una gata en celo en sus dedos, mirando y saboreando cómo me mordía mi boca, cómo mis pupilas se dilataban, cómo mi gemido se hacía más fuerte con cada estocada, él observaba cada parte de mi cuerpo, cada parte de mi ser y sus palabras …uf, esas palabras que me enloquecían, al desmentir lo que ya le había dicho. "No me mojo tan fácil", pero él hizo que naciera un manantial en medio de mis piernas...

Continuó una y otra vez, como si fuera un maestro en mi cuerpo, ya no era suficiente una mano, ya fueron dos y todos mis puntos eran penetrados, ¡Todos!, y mi voz desgarradora con el primer orgasmo que se derramaba entre sus dedos, yo ya arqueada y extasiada, ¡No paró!, continuó con más potencia, con más tacto, con más delicadeza, pero con la fuerza necesaria de hacerme

Paola Maldondo

llorar del mismo placer al entregarme por completo a sus pies..., ya venía el otro, ya viene, y yo indefensa en sus manos, sin voluntad para un no, solo le decía, ¡No pares! y mi llanto explotó en sus dedos, cayendo rendida al piso, en un charco de fluidos y de un sueño. Nadie me había hecho sentir así la primera vez, no tuve que explicarle, ni guiarle, todo lo hizo a su gusto mientras no dejaba de mirar la expresión de una mujer en celo, de una mujer satisfecha, de una mujer placentera, pues no podía negar, lo que él mismo había sentido en ese momento.

Solo sonreía, estaba tan tímida y llena de éxtasis en mi cuerpo, solo suspiraba fuerte para calmar mi aliento, pero tenía que continuar, él no había llegado, yo quería su miel, tragarla toda sin perder una gota de él...

Y así fue, él me la puso otra vez en mi cara, pero esta vez profunda, hasta la garganta, mis manos estimulaban su escroto y mi dedo buscaba con lentitud su punto G. Él gemía cada vez más diciendo lo bien que lo estaba haciendo, lo bien que lo hacía sentir con el fuego de mi boca, de mi lengua, de mis pechos, era tanta la excitación, que un volcán explotó en mi boca, uno qué me llenó de toda gloria, tragándome todo, sin dejar caer una gota al suelo.

Juegos Perversos, de dos mentes qué se encontraron por casualidad, de dos mentes que al mirarse se reconocieron y no hubo necesidad de palabras, si no de hechos para saber que yo soy de él, y él es mío en cuerpo entero.

28

Nos despedimos con un ¡Gracias! y un hasta luego o para mí sería un adiós, esto era algo que no se podía repetir, algo que tenía que evitar que volviera a pasar, incluso me dije a mí misma; – Ya obtuvo lo que quería, ya no va a volver. Así son los hombres y más uno culto como él, esto no se va a repetir, solo fue una vez y nada más y yo suspirando por todo, guardando en mi memoria su olor, su sabor, sus gemidos, sus palabras, la manera en que temblaba en mis manos, revivía una y otra vez cada instante vivido, no quería olvidar nada y menos dejarlo de sentir.

Me hice muchas preguntas y todas sin respuestas. En ocasiones uno se cuestiona más de lo necesario y simplemente queda vivir y disfrutar el momento regalado por la vida, pero para permitir todo lo que pasó, era por una sola razón que no quería reconocer, una razón que enredaba más este juego y esto para mí era más que una atracción fatal de cuerpos y deseos.

Y quise creer que esta historia llegaba hasta aquí, que este sería su fin, pero no, todo se salió de control…

4   Siguieron los encuentros

No podría relatar cada encuentro, creo que he perdido la cuenta de ellos, pero sí recuerdo unos en particular. La perversión estaba suelta y yo, yo me sentía a sus pies, como una infanta buena y mimada que obedecía los caprichos de Mi Señor Perverso. Bastaba un mensaje de él para yo decir; aquí estoy lista. En varias ocasiones me pedía quitarme los pantys antes de llegar y yo como una niña buena lo hacía. De solo pensar que ya venía me mojaba, mis ojos empezaban a brillar, mis ansias me carcomían, y el deseo florecía en mi piel, tanto que olía a su sexo, llegando a mi olfato el recuerdo, y mis labios los mordía al esperar los minutos por su llegada.

Él despertó en mi algo que estaba muerto, que se encontraba en el olvido y ¡Lo juro!, no necesito de un hombre para complacerme a mí misma, pero deseaba tocar su piel, jugar con su intensidad, con su sexo, con su cuerpo, con sus pensamientos, con la perversidad en plena acción al mirarle y descifrarle uno a uno sus deseos. Sabía muy bien que esto era una completa locura, pero la quería vivir, así me quemara en el mismo infierno.

Una tarde cualquiera, estábamos que nos comíamos las ansias, los mensajes iban y venían, videos, fotos e imágenes sugerentes nos mantenían el lívido a estallar, la piel sudaba sexo, mis

piernas temblaban por sentir sus manos dentro de mí, mi lengua quería lamer una y otra vez su falo erguido, rojo, con las venas a reventar, lo imaginaba temblando enfrente de mí, pronunciado esas palabras que me elevan, al saber que soy yo la que lo pone así de loco y lujurioso, suspiros interminables que salen de mi pecho por vivir y sentir esa miel que me hizo adicta a él.

Él no podía escaparse, tenía mucho trabajo, y eso quizás hacía que el morbo entre los dos fuera como un efervescente, pero la tentación podía más que la responsabilidad y su "No" se convirtió en un rotundo "Sí", puedo volarme solo 20 minutos y nada más, pero eso era más que suficiente para darle de beber a la lujuria que nos quemaba el vientre entre los dos.

Llegó a la hora citada vestido de pantaloneta, camiseta, gorra y tenis, y para mí fue ver la misma gloria entrando por esa puerta, subió las escaleras e inmediatamente se bajó la pantaloneta, – Por Dios te pueden ver, eso fue un aviso alarmante para mí, nos podían descubrir, solo reaccioné por instinto y lo empuje hacía la pared, metiendo mi mano en su entrepierna, tocando suavemente su sexo, sus testículos, incluso buscaba su punto G al mismo tiempo. Lo tenía ahí, inmóvil ante mí, mientras que yo lo olía y le besaba apasionadamente en su cuello, en su boca, mirándolo directamente a los ojos, donde ellos me gritaban que yo lo estaba haciendo bien, que estaba llenándolo de placer y complaciendo su lujuria, sus palabras me envolvían como una fiera hambrienta, esas calentaban mi oído al grado de tener

quemaduras de tercer grado en mi piel, era tanto el deseo que todo se desbordó en esos instantes, en esos pocos 20 minutos de deleite ante él.

Después de un rato de masturbación masiva, de gemidos exaltados y de respiración entrecortada, decido hincarme a sus pies para lamer mi adicción, mi deleite, mi desenfreno y es que es todo un placer saborear sus fluidos, mezclarlos con los míos y probar esa combinación entre los dos. Es una explosión en mi boca que me seduce a lamer lento, despacio, mirándolo directamente a los ojos, observando sus expresiones, esa abertura de su boca que me indica el placer que está sintiendo y al mismo tiempo esas palabras que logra sacar al decirme:

- ¡Qué masturbada más rica!, cómo lo besas, cómo lo agarras y lo metes todo dentro de la garganta, sorprendiéndome al instante, esa besada en el glande que me descontrola y esa manera tan tuya de hacerme demorar todo lo que tú quieras.

(Así es, me encanta que se demore en mis manos, en mi boca o en mi vientre, ese es el verdadero deleite de follar, de sentir y seducir. Mi interés es que él disfrute al máximo, sin pausa, sin afán, sosteniendo al mismo infierno sin apagar la llama antes de tiempo. Hacer sentir eso, es vivirlo en mis propias entrañas sin necesidad que me estén tocando)

Seguí así un rato, estirando esos 20 minutos en una eternidad, parando el tiempo y viviendo los segundos como si fueran los

Paola Maldondo

últimos, como si no tuviéramos más tiempo, como si se fuera a dar un adiós entre los dos, como si mi boca no hubiese probado antes su sexo, como si mis dedos no hubieran acariciado su punto G y como si nunca lo hubiera escuchado gemir.

Todo era un perfecto conjunto de pasiones desinhibidas, ya la respiración se entrecortaba, ya él me clavaba en su vientre sin dejarme salir, porque ahí venía su derramada, ya estaba en su punto, ya sus venas se habían inflamado tanto que mi lengua las sentía hervir y esas palpitaciones que salían desde su escroto hacía mi boca, directo a mi garganta, como un disparo a quema ropa, tragándolo todo, sin desperdiciar ni una sola gota de su preciada miel, sin dejar caer al piso evidencia alguna de su presencia, sin dejar fluidos regados en todo su vientre. Me la bebí en total gozo. Sus piernas temblaban, las horas pasaban y su compromiso lo apremiaba. Se acicaló para poder irse, un beso en la boca, un abrazo corto pero sempiterno, una sonrisa pintada en su rostro y un hasta luego, hasta una próxima o hasta donde las ganas nos maten de pasión y nos hagan incumplir las leyes de la atracción.

Queda destacar que en la despedida me dijo:

– Estoy en deuda contigo, el tiempo no me apremia hoy, pero la próxima vez tú disfrutarás al máximo.

5 Una noche de café.

Seguíamos hablando, chateando y sexteando, era algo que se había vuelto costumbre de medio día, en la tarde, a cualquier hora, pero esta vez Mi Perverso me dijo:

- Quiero verte en otro sitio; tomarnos una bebida, un café, salir un rato.
- Claro, me parece genial, me encanta el nevado de café.

Todo quedó previsto para el sábado a las 6:00 pm y así salir a conversar fuera de mi trabajo, distraernos de la violencia en que nos comíamos el sexo, del desenfreno de tocarnos y de esa sensación de vivir y sentir sin derramarnos. Nos estábamos volviendo adictos a ese placer sin límites, a ese sexo sucio y descarado que se convertía en gloria entre los dedos, en la boca, en las caricias, en esas miradas de un par de animales salvajes muertos de hambre, esos que se deleitaban en probar una y otra vez esos fluidos que emanan de nuestros cuerpos, de quemarnos en ese infierno interminable y sin cansancio, ese mismo infierno que es nuevo en cada fogata que hacemos.

Llegó la hora acordada, recuerdo bien cómo venía, se veía tan simpático, una camisa blanca remangada, un pantalón azul de dril, unos zapatos negros y cómodos y esa loción que me hace desmayar internamente del placer.

Y qué decir de su sonrisa, esa sonrisa pícara que grita ¡Dame sexo! y esos ojos que me desnuda y me comen con todo y ropa puesta.

- Cómo estás
- Bien y tú, ¿Nos vamos?
- No, en un ratico nos vamos, mira que él quiere que lo consientas un ratico.

Suelto la risa a carcajadas sin parar...

- Quedamos en salir, y parar un poco
- ¿Tú crees qué podemos parar?
- Si eres malo, ¿Enserio?
- Claro que sí, es más, vamos a mí puesto.

Nos sentamos y los dados se han tirado. El juego ha empezado en un empate. Mis manos buscan suavemente su sexo y él se mete en mi vientre.

- Mira como lo pones, te gusta verlo mojar por ti
- Me encanta verte así por mí.

En instantes todo se prendió como una hoguera sin control, mis manos lo acariciaban lento, suave, en unas ocasiones rápido, bajando todo su prepucio, sobando su glande, mirándolo a los ojos, mientras él me masturbaba de la misma manera, haciéndome gemir, suspirar alto, estremecer y morder.

Y es que en sus manos me convierto, ¡No sé qué me pasa!, soy incapaz de decirle que no, soy inhábil de controlarme, simplemente él llega y me quita las cadenas de la decencia, él llega y me desviste de inocencia para vestirme de la completa locura envuelta en lujuria, él llega y ya no soy la Señora Decente. Él llega y me convierte en "Su Puta", solo suya y de nadie más.

La intensidad estaba a flor de piel, a punto de derramarnos, cuando él dice:

- Paremos, ¡Vamos por el café! y a mirar una camisa que quiero. ¡Paremos!, dejemos hasta aquí.
- Está bien, vamos por el café.

Me acicalé desconcertada, estaba loco, parar en plena faena, es como cuando vas a matar el toro y ya estás listo con la espada, bien parado, con la ubicación precisa de darle una muerte segura en su costado y él toma fuerza para una carrera final y te embiste y tú, solo te haces a un lado para que el pase estrumpido, a un segundo de su muerte, y los dos piensan… -No lo maté, -Me dejó vivir. Detener esa adrenalina en un instante así es un choque emocional, pero a la vez peligroso, porque en tus ojos va prendido el fuego pasional que sientes en la carne y eso es notorio ante la gente, olemos a sexo y no nos importó salir así al público, a la plaza de comercio, pensando en la locura que estamos cometiendo.

Paola Maldondo

¡INCREÍBLE!, fuimos capaces de parar, de respirar y componernos, de salir por el café con la sonrisa puesta y las ganas mojadas, de caminar, aunque todo estuviera fuera de lugar, de sonreír como un par de adolescentes por tener presentes lo que acabábamos de hacer, la picardía en los ojos nos delataba y la sonrisa, esa sonrisa era como ver a un par de enamorados y ese aroma, transpirábamos a sexo en la piel...

Entré a un almacén para preguntar por la camisa que él quería, mientras que él se quedó en la puerta con la vigilante… en ese momento me seguía con la mirada y al mismo tiempo le tomaba del pelo a ella, (por motivo de protocolo él no podía entrar a la tienda) risas y más risas iba y venían. Miradas desde lejos que se encontraban chocando entre los dos, hablando con ese iris que brillaba, gritando: ¡Quiero más de eso que tenemos guardado los dos!

Él le dice a la vigilante:

– Me toca hacerme acá, porque una vez se me escapó, que tal que lo haga otra vez.

La chica me miró y sonrío y yo a carcajadas le contesté:

– No está la camisa que quieres.
– Está bien, no hay problema, tú ya sabes como la quiero
– Entremos por el café
– Claro, me pides mi nevado con chocolate por favor.

Paola Maldonado

Él se pidió un frapé con un cruasán.

Nos sentamos y empezamos a mirarnos y hablar, él contaba sus anécdotas, esas travesías que pasan una vez en la vida, esas curiosidades que se quedan grabadas en la mente y el corazón, para luego contarlas y hacer amena una conversación, y luego volvíamos al tema de los dos:

- Increíble, ¿Cierto?, ser capaces de parar es sorprendente
- Así es, pero dijiste hasta aquí y yo obedecí.

No creo que se haya dado cuenta de lo sumisa que me ha vuelto, de la manera en que le puedo complacer a Mi Señor, de esa manera de poder manipularme a su antojo y yo sin chistear obedecer, de ese carácter tan suyo que me vuelve una mínima a sus pies y es que cada vez que terminamos quedó ahí, sentada en el piso, mirándolo como un ángel, cómo lo más maravilloso que me ha pasado en mucho tiempo, en esa manera en que lo beso mientras él reposa de su aliento, en cómo pongo mi rostro sobre su pierna para acariciarlo con ternura y pasión a la vez, porque eso es él, un demonio con alas de ángel que ha llegó a mí vida.

Terminamos el café y regresamos a mi sitio de trabajo e inmediatamente fue como si ya supiéramos lo que iba a pasar y sabíamos que teníamos que terminar lo que ya había empezado, solo que esta vez fue con más fuerza que antes, con más hambruna por devorar la piel y excitar nuestros sexos, convirtiéndose en una batalla, una guerra entre los dos, tanto que quedé tendida en el piso, desnuda y con el grito de un orgasmo

38

que reventó los tímpanos, al emanar desde las cavidades de mi vientre ese suspiro que recorrió todo mi cuerpo, desgarrado la garganta al salir y por fin respirar en paz.

Es sorprendente cómo cada encuentro se hace más voraz, es cómo si no nos cansáramos de amarnos de esa manera tan loca, tan inocente, tan perversa, tan traviesas y alocada a la vez, que quedamos en plena satisfacción al exprimir nuestros sexos, al dejarlos sin una gota de fluidos, al descubrir cada día que nos convertimos en esa droga, en esa dopamina que necesitamos para gritar y estremecer los cuerpos, somos una maldita adicción que nos consume hasta llegar al mismo inframundo, quemándonos por completo la razón.

Somos eso que no tiene nombre, pero que no necesita un apodo para sentir la entrega completa del alma, somos esa magia que ocurre una vez en la vida, bueno acá yo hablo por mí, no sé si él ha vivido algo tan intenso y la intensión no es comparar, cada amor se vive en cada etapa de la vida, pero hay unos que llegan y arrasan con el pasado, haciendo olvidar cualquier caricia dada antes, olvidando la manera en que llegaba a un orgasmo y sobre todo, olvidando de qué manera se sentía antes en la piel, porque la de ahora, esta que estoy viviendo, ha borrado un pasado para dejar tatuado un presente… Él, Mi Perverso.

6   Una llamada inesperada

Por algún momento pensé que todo iba a acabar pronto, que ya había llegado el final de este juego, que no habría más encuentros furtivos de dos ladrones del tiempo. La vida me dio una oportunidad de sonreír ante esos orgasmos que él me hacía sentir, y que volvería a mí paz y a esa amada soledad que me ha abrazado por tanto tiempo sin ganas de salir de ella, porque ahí en medio de mi condena soy feliz.

Pero no, eso no eran los planes de "Mi Señor", él no se iba a ir tan fácil de mi vida, de mis piernas, de mis besos y menos de dejar de recibir esas caricias que le hacen enloquecer.

Llegó la noche y no había tenido en días noticias de él, el cansancio me hacía cerrar los ojos, el sueño me consumía y no llegaba ese mensaje de: —Buena noche. Ese que siempre enviaba a las 11:00 pm.

Quedé profunda con el celular a un lado, cuando de repente sentí el móvil (Algo extraño, porque muy rara vez siento el móvil a esa hora y menos que se encontraba en modo vibrador, por otra parte, nadie me escribe a esa hora a no ser por alguna emergencia), medio abrí los ojos y era él, no recuerdo el primer mensaje, pero si recuerdo que le dije:

40

- Tengo un ojo abierto y otro cerrado.
- No importa, si yo no duermo, tú no duermes.

En ese momento solté la risa.

- Quiero verte, te deseo, me estoy tocando por ti
- ¿Viste la hora?
- No importa, prende la luz y te llamo por cámara.
- Estoy dormida, pero ya voy.

En esos momentos sentirlo a él era todo un premio, nada me impedía decirle que no, y tampoco quería decir no, lo anhelaba, lo deseaba y mi alma se excitaba.

Entró la llamada por cámara, yo medio dormida y él con su voz, esa voz que es toda una provocación que despierta inmediatamente la lasciva que vive en mí.

- Quiero verte toda
- ¿Quieres que saque mis juguetes sexuales?
- ¡Sí!, los quiero ver en tu rica entrepierna

Y ya con eso me empecé a empapar, al escuchar su perversión, al verlo como se daba una buena "Paja ", como él lo dice en sus palabras, su boca ya se mordía, se estremecía, su voz se entrecortada de la excitación y sus palabras llenas de lujuria me encendían cada vez más.

Paola Maldondo

- Qué rico te tocas, cómo entra ese juguete y ese plug, me tienes al borde de la locura, te pienso demasiado y mira, mira cómo estoy, ¡Me vuelves mierda!
- Me vuelves loca, eso somos los dos, locos al estar en estas a esta hora de la madrugada, 3:00 am y nosotros masturbándonos de esta manera... Me voy a derramar...

Y él atento mirando cómo me regaba por primera, sorprendido de mis gemidos, de la manera en que me estremecí y que podía seguir con más intensidad que el anterior, eso lo puso con más ansias, con más fuego, más prendido, más arrecho como él dice, tanto que el tiempo pasó sin notarse entre los dedos, todo era un infierno de frases cochinas y lascivas, de caricias y de una vista innata al mirarnos y saber que estábamos así por lo que sentíamos el uno al otro, era un deleite, de esos que no tienen explicación porque no hay razón, solo es la tentación vivida y comida ante los ojos, nos compenetrábamos como si fuera en carne, sangre y hueso, y esto no fuera una simple llamada, ya nos habíamos probado muchas veces, sabíamos muy bien el sabor de las mieles mescladas y eso así que esto fuera más real que tocar una piel, que besar unos labios y que viajar en el tiempo para amarnos.

- Sigue, sigue, cómo me encantas, quiero el otro, cómo estás de empapada y de abierta para mí, quiero todo de ti.
- Todo es para y por ti, viene el otro, ya viene...

Paola Maldondo

Y otro orgasmo de más llegó con más intensidad, los gemidos retumban esas paredes, no sé sabía quién gritaba más, si él o yo, y sin tiempo de espera venía el tercer orgasmo, ahí le pedí que se derramara conmigo, que quería sentirlo y así lo hizo...

- Vente conmigo, te quiero escuchar Daniel y sentirnos morir al mismo tiempo, ¡Hazlo!, dame tu derramada, quiero disfrutar de este momento de llegar juntos
- Me voy a derramar..., me derramo…

Y escuchar eso fue un detonante para mis sentidos, explotando instantáneamente con un grito envuelto en llanto, sí, así es llanto, fue tanto la sensación de sentirlo a él que mi orgasmo fue de esos que hace mucho no tenía, de esos que son llenos de escándalo y de furor, de esos en donde el vientre se contrae a tal magnitud que lo ves cómo ha quedado palpitando, de esos en donde la respiración no se controla, ni se apacigua, porque la sed de haberlo tenido es como estar en el desierto a 50 grados sin sombra en pleno sol.

Orgasmos que he derramado en sus manos, en mis manos, para él y solo para él, orgasmos exquisitos, de esos que dices quiero vivirlo una vez más, aunque mañana ya no este, aunque se marche de mi vida de una vez, orgasmos que llevan sentimientos disfrazados que no salen a la luz, porque tu maldito corazón se ha quitado el caparazón y se han colado como flechas en tu pecho, dando muerte a la victoria del no amar.

- Te abrazo y vamos a dormir.

– Estamos locos, Daniel, ya viste la hora, 4:00 am. Abrázame fuerte y durmamos a la luz del amanecer.

Y en ese momento, me abracé a mi almohada, en medio de mi soledad, de esas cuatro paredes que me rodeaban, escuchando el canto de los pájaros anunciando la salida del sol y yo, yo no dejaba de suspirar por lo que había vivido, y más por lo que había sentido en mi cuerpo y en mi alma, no era capaz de dormir, todo estaba tan fresco que los recuerdos estaban tan presentes, tan vivos, que era como tener un proyector en mi cabeza, repasando una y otra vez su rostro excitado, su voz y sus gemidos, esa manera en la que se desenvolvió al verme, de esa mirada café que no es diferente a la de los demás, pero esa sincera y curiosa mirada que despoja mis miedos, mis penas, mis secretos y los deja todos expuestos ante él.

Como quisiera no pensarlo más, huir de esta sensación de necesitarlo, de verlo y tocarlo, de esta manía donde lo hago tan mío y él me hace tan suya con tan solo su presencia.

Y es que él es todo un caballero, porque en cada encuentro me deja plenamente satisfecha y luego lo satisfago a él, enseñándome que es de dos, y no de uno solo, y con todo eso, ¿Cómo no desearle cada día más? si me trata como una reina en la cama sin importar si es por teléfono, si es en vivo y en directo o por mensajes depravados y perversos.

44

Con él encontré mi tan anhelada libertad del amor, esa en donde te vas y regresas por más, sin cadenas, sin reclamos, sin pretender cuidar algo que ya se sabe cuidar, esa que simplemente tiene dueño, aunque no sé este todo el tiempo con él, esa libertad en donde expones y complaces tus bajas pasiones y para sorpresa de muchos, no es la penetración la que hace el sexo, es el masturbar la razón y el corazón que te hace explotar como una estrella en el cielo.

Paola Maldondo

7 La Sorpresa

Venía el 14 de febrero, día de los enamorados y preciso era un domingo, día en el cual yo podía cerrar más temprano el negocio y estar tranquila con él.

Se me ocurrió la idea de hacer algo distinto, de decorar y de hacerlo sentir especial, yo sabía que eso estaba mal, pero mi corazón me susurraba ¡Hazlo!

Ya tenía una botella de vino en casa, así que era traerla y ponerla en hielo, poner un mantel, dos copas, pasa bocas que, por cierto, recordaba que eran yuquitas fritas, muy tradicionales y quería que todo quedara perfecto y a su gusto, también tenía una pecera para rellenarla con piedras decorativas, agua y velas blancas para dicha velada, un aromatizador de canela, una buena cobija para tender en el piso y así estar cómodo.

Todo estaba perfectamente planeado en mi mente, más lo que le iba a hacer perversamente, estaba todo fríamente calculado y los nervios que me reventaban el orgasmo que esperaba tener junto a él. Todo era una ilusión de mostrarle lo que podía hacer con tan poco, pero con todo el cariño de mi corazón, era tan especial que vaya, me sorprendí de mi reacción, de todo lo que estaba haciendo con mis manos y del sentimiento callado que gritaba

Paola Maldondo

en mi pecho, ahogado por los suspiros interminables al saber que le iba a dar esa sorpresa tan bonita.

Lo sé, no debí hacerlo y nuevamente mi corazón y la razón empezaron a batallar, a dar guerra y no dejarme en paz, a quererme caer la ilusión y despertar a la cruel realidad...

- ¿Qué estás haciendo?, le dice la razón a mi corazón
- ¿No ves? preparando la sorpresa para Mi Señor.
- ¡Necia! en que habíamos quedado tú y yo, ¿No era una relación de mutualismo y nada más?
- Pero, es solo por esta vez, ya no lo volveré a hacer más, es por la fecha y quiero hacerlo sentir especial.
- Anda, ya te veré llorar otra vez, no aceptas la realidad de la situación, él no va a venir y te vas a quedar con todo preparado, ya lo verás que sí.
- No seas ave de mal agüero, él llegará y le haré el amor como nunca se lo he hecho antes, él se dará cuenta que es muy especial para mí.

Así pasó toda la semana y su silencio me hizo dudar, decidí no hablarle hasta el último momento, hasta que fuera el día y recordarle la cita pactada entre los dos, tenía la esperanza de que sí llegaría, aunque mi razón me había anunciado lo contrario. Llego el sábado y nada de un mensaje, paso el día en una eterna y desesperada espera por su mensaje, por su hola o sus buenas noches y nada llegó. Decidí escribirle a las 12 de la noche, hora donde se podían contar las horas para darse la entrega, horas donde el sueño por la ansiedad se iba a desaparecer...

- Hola, buena noche. No olvides que mañana quedamos de vernos.
- Lo siento, no puedo asistir.

La furia se apoderó de mí.

- Y se puede saber porque no vas a ir.
- Porque tengo que leer un libro que dejaron para la clase.
- Disculpa, no debí de preguntar.
- No tienes por qué pedir disculpas, claro que puedes.
- No, no debí.

Todo se me carcomía por dentro, cómo era posible que yo le había dicho que le tenía una sorpresa y a él simplemente le valió madres mi proposición, cómo era posible que no viera el esfuerzo y mis deseos por hacerlo feliz.

No le dije nada más, él dejó de hablar, de enviar mensajes y de visitar, desde ese momento tenía claro que esto, ya tendría un final.

Pasaron 8 días exactos cuando regreso y me dijo que iba para allá, me emocioné tanto, que le dije que si quería champán. Compré dos botellitas personales para brindar, mis ojos no lo

48

podían creer, pero esta vez entró a jugar más la razón que el corazón. Sabía que desde ese desplante por la sorpresa y salir sorprendida yo, todo iba a cambiar.

No lo niego, lo follé como no lo había hecho antes, fue especial, lo hice sentir único, le demoré su derramada todo lo que quise, le consentí, lo besé hasta que dijo no más, hasta temblar y bueno, él se está convirtiendo en un experto en hacerme derramar con gran intensidad.

La diferencia fue que ya no masturbó mi razón, solo se mojó mi calzón y no mi corazón. Sí, me derramé, pero solo del cuerpo porque del alma ni una gota salió. Ahora tenía claro la realidad y tenía que pisar en tierra y dejar de pisar en marte, ya era hora de volver en sí y solo disfrutar del placer y no del corazón.

Lo sé, no soy una niña y menos en una que crea en el amor, pero fueron meses especiales en los que sí o sí viajas sin paracaídas y aterrizar sin morir es duro, es de coraje, de valentía y aunque lo estaba follando, en mi corazón ya lo estaba olvidando.

8   Su ída.

$\mathcal{D}$e un momento a otro desapareció, no dejó rastro y yo no soy de esas mujeres que no busca a un hombre. Es qué si tengo que pedir algo, ya no lo quiero, y espero que algún día un hombre me encuentre y me dé el valor que me merezco al amarme tal y como soy. Y seguramente él no es ese hombre que me va a encontrar, él no será quien me conquiste, no lo ha hecho antes, no lo hará ahora que ya no está, él no será ese amor que me hará perder la cabeza, la razón y le corazón, él solo es quien hace humedecer mi entrepierna a un grado que no había vivido jamás. Simplemente ha superado las expectativas al sacar de la jaula a la mujer lasciva que un día encerré, ¡Maldita sea!, lo extraño.

Pensé mil veces en escribirle, enviar un mensaje, saber que pasó, pero ya somos adultos para entender que acá no hay una relación, lo único que hay son unas ganas infinitas de follar, unas ganas inmensa de masturbándonos, de violentar nuestros sexos sin importar los sentimientos, solo unas putas ganas de disfrutar en las manos del otro, que me hace entrar en desespero, en una mórbida sensación de sentirlo aunque esté ausente, de tocarme y pensarle, de suspirar y anhelarle, y en esos momentos la razón me atormenta y me dice:

–   ¡Estúpida! ya no estás en edad de enamorarte, a esta edad no valen los sentimientos, solo es una follada de más y

Paola Maldondo

él, él solo te quiere por el morbo tan grande que le haces sentir, él solo te utiliza para desfogar su pasión, esa que es secreta del corazón, esa que la encontró en ti ¿No ves, no te das cuenta?, tú nunca le dices que no, siempre estás ahí para él, solo es volver para entregarte nuevamente, solo es que aparezca para idiotizarte como ya lo ha hecho y vas a volver a caer.

– ¡No es así!, grita mi corazón, yo no me voy a enamorar y menos de alguien que solo ve un cuerpo y no un cerebro, yo no dejaré que crezcan sentimientos, ¡No lo haré! Ya no quiero morir por amar sin que me amen, ya no está la pendeja que entregaba todo por nada, ya la mujer de antes no existe, esa murió, se arrancó el corazón e instaló una piedra en mi pecho para no sentir amor. Además, somos una especie de mutualismo, aquella que ganan las dos partes, él disfruta de mi libertinaje y yo disfruto de su entrega y perversidad. Así que aquí, solo hay un acuerdo no pactado de gozarnos al máximo cada vez que no vemos, una relación con un principio sin saber el final, simplemente se fue…, y yo disfruté el tiempo que duró.

– ¡Mientes!, ¡Me mientes!, ¿Acaso no te conozco?, ¿Acaso esos ojos brillan por perversión?, ¡Miénteme nuevamente!, Ya no puedes, ¿verdad?...

Paola Maldonado

- ¡No, no puedo!, pero todo este bajo control, ¡Él ya no está!, y no volverá.

Y en ese instante se inundaron mis ojos, empezaron a rodar perlas saladas por mi rostro, un mar se desató en mi pecho y la respiración se entrecorto y esa conversación de la razón y mi corazón finalizó con la realidad latente…, y es que él ya no iba a volver y en esos momento solo agradecí por lo que sentí, solo suspiré por volver a vivir intensamente esa pasión guardada en el corazón y yo lo sabía, él era especial, no cualquiera logra seducirme de esa manera y menos con una simple mirada de aquel 28 de Diciembre día de inocentes.

Me tranquilizo un poco y el pensarle tanto me hace desearlo más y más, despertando los sentidos, mojando mi calzón y sin dudarlo, abrí mis piernas, metí mis dedos dentro y lo despedí de la mejor manera que había entre los dos. Me folle tanto, que cuatro orgasmos fueron pocos para mencionarlo, quería más y más, estaba encendida, caliente y bien lasciva, solo pronunciaba sus mismas palabras y mi memoria lo veía encima de mí, sentía que mis dedos eran sus dedos, que mis juguetes era su mano entera dentro de mi averno haciéndome gemir, era él, no era yo la que me estaba tocando, era él quien lo hacía, a quien mi memoria traía una y otra vez, era su rostro, sus ojos, su sexo , su olor el que expedía de mí, sí así es, yo olía a él, a esa feromona que mi memoria guardo cuidadosamente en el baúl de los recuerdos, aquel olor que me llama igual que a una fiera cuando

ve carne y sangre caminando, igual que un tiburón que va por su presa, ese es mi olfato, esa feromona es la que hace unión con la mía y me hace enloquecer. ¡Me folle! y de qué manera al tenerlo a él en el pensamiento perpetuo.

Ya han pasado 10 días y mi cabeza no deja de pensarle, de querer decirle un montón de palabras llenas de sentimientos, de una valentía al decirle:

- No soy cualquiera para que vuelvas, no soy esa que utilizas, ¡No!, yo valgo como persona y no voy a volver a caer bajo tus garras otra vez, esta vez seré capaz de decir no a la tentación más grande que ha vivido mi corazón. Ya le diré que con gusto lo que necesite, pero que ya no estoy más a sus pies, así me mire con esos ojos que me derriten…

Pensé tanto en las palabras que le iba a decir, algo dentro de mí me decía que regresaría, algo que no sé cómo llamarlo; intuición, desesperación, anhelo, qué sé yo, pero estaba segura de que algún día se me daría esa oportunidad de decirle todo lo que sentía.

Y no lo niego, así fue, él volvió…

9 El regreso

$\mathcal{P}$asaron 13 días exactamente sin tener noticas de él, no había un mensaje, una visita, nada, absolutamente nada. Y mi mente deambulada en todos los recuerdos, en todas las veces que nos habíamos follado desesperadamente, en cada mensaje donde nos masturbábamos la razón, en cada detalle inconcluso de esta situación y para ser sincera, nunca hubo nada, ya somos dos personas adultas y con la suficiente edad de saber , entender y comprender que es una aventura y nada más, solo era sexo y más sexo desfogado y sin tabúes entre los dos, solo éramos un par de ladrones que se veían y se violentaban los órganos sexuales hasta derramarse entre sí, solo una física complacencia de un par de demonios que dominaron el averno del infierno, ese pecaminoso, lleno de deseos por cumplir, lleno de anhelos y sueños de cama mojada en sábanas ajenas, solo un par de locos, pasados de edad que quisieron vivir nuevamente la adolescencia del amor sin pudor, del sexo descontrolado y de matar las ganas del vientre en los labios, manos y sexo del otro.

Eso ya lo tenía claro desde el primer día, pero mi corazón tenía la esperanza de volverlo a ver, al menos para decirle en su cara que yo era una mujer de verdad, una que realmente quiere un amor que la valore, una que desea despertar en unos brazos que la amen por lo que es, más no por lo que da. Una mujer digna de llevar de la mano por cualquier sitio, haciéndola sentir la persona

más afortunada de la tierra, al mirar a ese hombre ahí a su lado, suspirando por sostenerlo en su mano y pensar: -que, aunque no lo necesite para nada, lo quiera para todo y él me quiera para todo en su vida.

Eso deseo algún día, quizás me llegue esa oportunidad de amar, de demostrar que es sentir el amor en mi corazón y darlo sin razón, darlo de una manera segura porque sé que él también siente lo mismo por mí. Pero en esta ocasión solo era dejar orgasmos repartidos y nada más, orgasmos que se quedaran para siempre en mi mente, en mi corazón y en mi piel y no lo niego me he follado en su memoria, siempre el grito final lleva su nombre, aunque él se haya olvidado de mí,

Pero la vida me debía esa oportunidad y me la dio nuevamente.

Un domingo cualquiera, después de esos 13 días, llegó un mensaje:

- Buenos días, estás en tu almacén, quiero verte.

El corazón se me iba a salir, la garganta se me apretó y el alma respiró.

- No, no estoy en el local, pero si tú vas, yo bajaré en 15 minutos.
- Claro, me avisas cuando ya estés ahí.

Paola Maldondo

Me aliste, me acicalé y salí más de prisa que de costumbre, el corazón parecía que estuviese en una competencia de Fórmula 1, y los pensamientos chocaban uno con otro, era una batalla interna entre la razón y el corazón, entre hablar o callar, entre gozar nuevamente de su piel, de su olor, de sus ojos y morir en sus manos al arrancarme otro orgasmo de mi corazón. El pensamiento me estaba enloqueciendo, las calles me parecían más largas de lo habitual, la distancia era eterna y ya temblaba de sentirlo cerca. Sentía que no iba a ser capaz de escupir todo el vómito de palabras que había en mí.

- ¡Maldita sea!, me decía una y otra vez, ¡No seré capaz!, pero tenía que entrar en serenidad y aprovechar la oportunidad, había esperado por ella 14 eternos días y no se me iba ir en las manos.

Llegué y le escribí que ya estaba en el local, a lo cual en instantes llegó.

- Hola, cómo estás, me siento en mi silla, mi puesto, ¿cierto?
- Hola, sigue, claro es tu puesto. (Respondí irónicamente)

Y ahí en ese instante morí, ¡Lo juro!, las mariposas que estaban revoleteando se quedaron en completa quietud, en paz, sepultadas por las palabras que estaban a punto de salir.

56

– Quisiera decirte unas palabras, las tengo que sacar y es importante para mí.

En ese instante me solté a hablar, parecía una carreta enredada que se va desenredando poco a poco, una serpiente recogida que va estirando su larga piel, nudos de una inmensa cuerda que se van soltando con mi voz, suspiros por ir logrando lo que tenía en mente, tranquilidad de una paz robada llegaba, y hasta la última frase pensada salió. Era la mente, la razón y el corazón de la mano hablando por mí, sacando pecho por no ser una cualquiera a quién él quisiera venir a masturbar cada vez que se le daba la gana. Mi espíritu de mujer segura y valiente se apoderaba de mí, esa guerrera sacó las uñas y las mostró. Por poquito y se las entierra o si lo hizo esa fiera que vive en mí, solo que a él le valió.

Me miraba atento, no chisto una sola palabra a todo lo que yo le decía, era como si hubiese tapado sus oídos a mis estúpidos reclamos, solo fijaba la mirada en mis ojos, analizando como si fuera Freud. Sonreía con cada cosa y solo dijo:

– ¿Entonces este ya no será más mi puesto? (Soltando una carcajada)

Me mordí los labios y pensé:

– ¡Si comprendió cada palabra! y aparte de eso se burla de mí.

Era un querer asesinarlo y follarlo al mismo tiempo, era morderme porque ya me estaba saboreando al verlo tan fijamente presto en mí, era el deseo de devorarlo y tragarme toda esa estupidez de mujer digna que escupí, era lamer del piso el vómito que acaba de escupir, era la traición a mí misma si volvía a caer, era ser la más terrible y débil mujer si caía a sus pies.

Y él, él solo sonreía como susurrando al oído, con ese gesto de mordida, mirándome, hasta hacerme desfallecer y me decía con dulce voz:

– Mira la verga, lo vas a dejar así, tócala un poquito, dale besitos, mírala, yo sé que te encanta.

Y yo seguía maldiciendo por dentro, entrando en conflicto con mis sentimientos, esos que estaban unidos, se habían explotado entre el cielo y el infierno de mi ser, ese mismo que moja mi entrepierna, ese mismo que me vuelve sumisa a sus pies, siendo incapaz de decir No.

– No lo haré, si lo hago me harás tragarme todo lo que te he dicho.

58

Y él seguía sonriendo, tomando mi mano e instalándola en sus piernas, haciendo que rozara su verga, y yo, al instante la quitaba susurrando no, no, no. No sé cuántas veces jugamos a eso, al no y al sí, al tomar mi mano y ponerla en su entrepierna, al retirarla y seguir diciendo no, pero él, él ya me conoce y hay algo en lo que soy muy evidente, mis malditas expresiones me traicionan, mis gestos me matan y por más palabras que yo diga, se notaba lo que yo realmente deseaba y era amarlo nuevamente, tocarlo, besarlo, acariciarlo, entregarme a él, hacerle enloquecer, que gimiera y me dijera que yo era la que lo ponía así de loco, me encantaba verle temblar y morderse, que se estremeciera ante mí y quedara a mis pies, así es, aunque yo era una sumisa ante él, él también lo era conmigo, ese infernal juego de "darnos" como él mismo lo dice era tan tentador de sentir otra vez.

No sé realmente que pensó mientras yo ponía en evidencia mi queja, no sé qué se le pasó por la mente, pero él no se iba ir sin sentir esa satisfacción que yo le daba, él no estaba dispuesto a perder, solo ganar, aunque confieso, siempre ganamos los dos.

No pude resistirme más y mis manos como un braille empezaron a leer su miembro y él empezó a temblar, a gemir y a pronunciar esas palabras que me ponen arrecha y me hacen estremecer.

¡Caí nuevamente!, no lo pude evitar más, pero mi mente estaba clara y era follarlo tan intensamente, tan putamente para que no

se olvidará jamás de mí, estaba tan decidida que mi aspecto cambió y me convertí en lo que realmente soy: Una Dominante que no sabe perder y ese día le enseñaría que no lo necesitaba a él para sentir placer. Mi mirada se volvió penetrante, intensa, con fuego y violencia, con deseo fervoroso y pecaminoso y eso, lo hizo enloquecer más de lo acostumbrado.

Lo acosté en el cojín y empecé a tocarlo sin quitar mi mirada de sus ojos, sabía muy bien sus puntos débiles, sus gustos, lo conozco también, que se hacerlo temblar en mis manos, en mi boca y con mis palabras lascivas que lo alborotan más y más. Era un juego completamente perverso entre la ternura y la lujuria, entre una mirada asesina de placeres y a la vez esa calidez que le dice que lo quiere, era subirlo pasionalmente como espuma, para luego relajarlo sin permitir que se derramara en mis manos, era ese juego donde él perdió ante mi malicia, ante el placer de darme por ponerlo así, loco, lascivo, inquietante, sediento de mí y solo de mí.

Mis caricias eran cada vez más intensas, susurrándole...No te vas a derramar, buscaba con delicadeza su punto G y más lo hacía estallar del placer, estaba desnudo ante mí, pero desnudo de alma al convertirme en la dueña absoluta de todas sus fantasías, satisfaciendo esos placeres ocultos de todo un Doctor, desafiando su hombría en mi boca, provocándole un estallido agudo de gemidos, uno en donde yo me saciaba como dueña y señora de sus pensamientos, era yo aquella mujer que lo ponía a mis pies, era yo la que me lo devoraba por completo, sin dejar

Paola Maldondo

rastro de carne, bañándolo en el oasis del pecado, en el infinito de la dicha al sentirse amado, porque una cosa es follar y otra amar y yo, yo le daba las dos con la misma intensidad.

Jugué y jugué todo lo que quise con su cuerpo, con su mente, y con su corazón, en ese parar e iniciar, en ese sentir estallar y calmar, en esa provocación de querer más y parar, lo dejé demorar todo lo que se me dio la gana, hasta hacerle flaquear, quedando con los ojos cerrados, la respiración acelerada, el latido del corazón a mil, y el suspiro por haberme tenido otra vez a sus pies.

Empecé con amor a llevarlo a la tranquilidad del gozo vivido, a esa paz después de tanta guerra, guiándolo a las puertas del cielo, sacándolo del infierno que lo había hecho vivir, me convertí posteriormente en sanadora de las quemaduras de la pasión, haciéndolo entrar en una profunda satisfacción.

Luego de ese preámbulo de reanimación le dije:

– Yo también quiero, estoy excitada y ahora vas a mirar lo que viste una vez por cámara, te vas a sentar enfrente de mis piernas y me vas a observar.

En ese momento le iba a demostrar que no necesitaba de sus caricias para llegar al más allá de mi placer, él vería con sus ojos

61

Paola Maldonado

que yo sola me doy gusto, que no necesito de sus besos y ni de sus caricias para derramarme las veces que se me diera la gana.

Empecé emotiva y él solo observaba con atención, como si fuera un ginecólogo que miraba los cambios vaginales del proceso que yo estaba teniendo, era muy intenso, tanto que lo invite a mí faena, le dije que introdujera los dedos para que sintiera como se contraía las cavidades interiores, quería que sus dedos se bañaran en mi lujuria y yo, yo me masturbaba con más intensidad, le avisé que ya vendría mi primer derramamiento, porque esta vez iba a seguir, era mi voluntad y mi intensidad estaba al 1000 por ciento, estallando en el primer orgasmo, mostrándole como mis manos eran suficientes para gritar con desespero, eran tan suficientes de amarme con fulgor, estaba arrecha y seguí por otro, quería más y más y que él lo viera.

Él estaba sorprendido, lo que una vez vio por cámara era real, siempre que estaba con él solo me derramaba una sola vez, solo el día de aquella madrugada le mostré de lo que era capaz y ahora era en vivo y en directo, ahí en sus ojos, en sus manos me derramaba otra vez y otra vez. Él en total asombro no lo podía creer, le estaba enseñando mis secretos, mis intimidades, le mostraba como era una mujer independiente, una que no necesita de un hombre para amarse, una que no se da a cualquiera y que, a pesar de caer tantas veces con él, él era un privilegiado de mi lascivia, de ese mar profundo e inmensurable de mis placeres, de eso que nadie más había tenido el goce de vivir y disfrutar.

Él tenía claro que no me derramaba así por tener sus dedos dentro de mí, que yo lo hacía porque conozco a la perfección mis puntos cardinales de la pasión, del deseo y de cómo llegar las veces que se me antoje.

Terminamos la faena, y para ser sincera ha sido la más intensa que habíamos vivido, claro está, sin restarle a las tantas veces que nos follamos con anterioridad. Quizás fue el tiempo de no vernos, o la furia de haberme tragado mis palabras, o el placer infinito de volvernos a ver a los ojos desafiando la legión de demonios que cada uno lleva, esa que entraron en guerra y que bailan en el fuego, acoplándose como si se estuvieran buscando de toda una vida y celebrando el haberse encontrado.

Quería sinceramente que fuera la última vez entre él y yo, que después de haber dicho tanto, entráramos en raciocinio y paráramos esta bendita locura de amor. ¿Perdón, amor?, por desgracia para mí así lo empecé a sentir, yo no haría tanto por una persona que no ha entrado a mi alma, que no me desvestido el corazón y menos follado la razón, ese era realmente el problema, yo estaba huyendo al mismo miedo, de mi entierro, de la misma muerte, pues si yo me quedaba más tiempo iba morir en sus besos y perdería por completo la voluntad de retirarme sana, sin heridas, sin cicatrices que me iban a marcar por toda la vida y por desgracia, él ya me marcó y no quería asistir a mi propio funeral al dejar crecer un sentimiento que solo vivo yo.

Soy realista y sé muy bien que yo solo soy la Eva del pecado que complace sus deseos infernales, ¡Lo sé! y no estoy ciega esta vez, ¡No!, veo la cruel y dura realidad y yo, yo solo soy un gustito que lo hace sentir vivo en la madurez de su edad.

Paola Maldondo

10 *Una tarde de domingo*

$\mathcal{D}$espués de haber expresado mi enojo y peor aún, de haber caído a plena voluntad en sus manos otra vez, me dije a mi misma:

– ¡Vive!, ¡Qué carajos!, Qué más da cuando regrese, qué más da si no vuelve, ya no estás en edad de esperar o más bien de vivir de ilusión, ¡Vístete de realidad! y no pienses más en amar, solo disfruta de los momentos efímeros que te regala el tiempo y claro, los orgasmos que te provoca ese perverso, tú perverso.

Y sí, lo pensé bien y desistí de esperar sus mensajes, sus repentinas llamadas y sus apariciones, entre en paz conmigo misma, quizás esa sea la ventaja de entrelazar el corazón con la razón: te baja de la nube en la que te subes sin paracaídas y te protege de un dolor inmenso e incurable en el alma. No lo niego, hay sentimiento por él, pero mi labor es no dejarlo crecer y disfrutar sexualmente cuando esta.

Llegó el domingo y yo en mi soledad con mis letras, ocupando mi mente, casualmente escribiendo de él y así dejé de extrañarlo, quizás al escribir desahogaba mi alma o más bien lo abrazaba sin tiempo, sin un no dé respuesta, y con la sonrisa pintada en los labios, lo amaba en el papel, ahí si podía ser libre de sentimientos, en mis letras viajo al "Nunca Jamás" y me convierto en la doncella, en la querella, en la niña, en la dama y

Paola Maldonado

en la romántica que sueña con el amor. Solo en mis dedos untados de tinta me permito soñar.

Dos de la tarde y suena un mensaje

- Estás en el almacén.
- Aquí estoy escribiendo de ti.
- Espérame, ya salgo para allá, pero por favor ponte un vestido y sin pantys
- Ok.

Yo un tanto fría en mis respuestas, pero por dentro que me moría de verlo, esta vez no tenía un repertorio de reproches, no quería hablar o expresar lo que yo siento, al final de cuentas a él le importa nada, mis palabras le entran por un oído y le salen por otro. Yo quería sexo del bueno, de ese que él me daba y del cual ya le había enseñado, sin tener límites orgásmicos. Eso sí me puse el vestido, muy cómodo, por cierto, amplio y fácil de manipular, dejé mis bragas en el baño, me refresque un poco y lo espere.

- Hola, cómo estás
- Bien y tú
- Muy bien, vamos a mí silla
- Claro, sé que te encanta
- Entonces empieza a despertarlo despacito

Puse mi mano en su pantalón, sobando con delicadeza su miembro, sintiendo como se iba poniendo erecto, como se iba estremeciendo. Le miraba y sus ojos clavados en los míos, quizás es uno de sus fetiches, porque le encanta ver mi mirada y es que tengo una transformación en segundos, mis ojos expresan una ligera tristeza acompañada de alegría, sonríen mis pestañas, emanando calidez en mis ojos y en un chasquido de dedos ¡Cambian!, Se vuelve perversos, asesinos y desafiantes, mis malditos ojos me venden ante su mirada dejando ver la profundidad de mi alma y el indiscutible placer de hacerle la paja, como él lo dice o más bien en otras palabras, mis ojos muestran el exquisito placer lascivo de masturbarle el alma.

Ya son ojos de una diabólica que no va a parar hasta llevarlo más allá del placer, hasta hacerlo desbordar de deseo. llevándolo a pedir más y más, mis ojos demuestran las ganas de tragarlo y tenerlo en mi boca, de saborearlo y chuparlo, el deleite que me da al escucharlo que lo vuelvo loco, ¡Mis ojos, mis malditos ojos no mienten! y me dejan desnuda ante él.

Abrí mis piernas para que su mano entrara en mi entrepierna, localizando los puntos cardinales de mi perdición, esa que me hace revolcar como si estuviera poseída por un demonio y es que ¡Maldita sea!, él es el mismo lucifer y yo su esclava sexual que se entrega a plena voluntad.

Sigue masturbándome despacio, hablando de las obscenidades que quiere y desea, pidiendo que lo siga tocando y yo, ya se lo saco de su pantalón, empezando a sobar con mi dedo en el prepucio, bajando y subiendo despacio, acariciando su cabeza e inevitablemente las respiraciones empiezan a mostrar la excitación de violentarnos al tiempo, ya salen gemidos, ya pido su "verga" dentro de mí, la deseo, la anhelo y estoy al desborde de un mar entre sus dedos.

Le digo que cambiemos de lugar, otro más cómodo, con mejor apoyo y me dice que sí, que me acueste sobre las dos banquetas, que ahora me quiere besar y me alza el vestido y se clava como un loco desesperado en medio de mis piernas, mete su lengua, bordea mi clítoris, sus dedos dentro y yo, yo solo grito del placer.

Se vuelve loco al verme enloquecida, no sé lo que hace allá abajo, pero su mano da vueltas dentro de mí, lamiendo al mismo tiempo mis labios, ¡Oh por Dios!, me quiero derramar, y yo me toco ofreciéndole un espectáculo de mi flor y de mis manos, él no se detiene, sigue y sigue con sus dedos, creo que ya todos mis orificios están ocupados y el grito se viene, se viene, me vengo, me derramo en sus labios.

Sigue y sigue, sabe que entre más me dé, más le dedicaré derramadas a él, sigue con su juego, sus palabras cada vez más fuertes, su expresión en el rostro le cambia y se convierte en un total perverso desalmado, ladrón de orgasmos, el caballero desapareció, su mirada es de fuego y su boca de infierno, sus manos se convierten en estacas que me clavan hasta hacerme desmayar, no quiero que pare, me encanta sentirlo y derramarme las veces que quiera y lo sabe, por eso sigue sin parar, no le

importa que el reloj corra, para nosotros es como si se hubiese detenido el tiempo, como si entráramos en el mismo averno, sudados, extasiados, golosos, ¡Golosos!, porque una hora no es nada para toda la divinidad que nos hacemos sentir. Nos encanta darnos placer, quemarnos, demorarnos, devorarnos hasta el cansancio y cuatro orgasmos se ha bebido de mi vientre, cuatro estallidos agudos que han salido de mis entrañas, rasgando mi garganta, ensordeciendo estas cuatro paredes, quedando prácticamente desmayada a sus pies.

Me toma de las manos, me levanta y yo con el mareo de tanto gozo, me pongo de pie, cambiamos de silla y me postro a sus pies, su sexo ahora está en mi boca, sus fluidos se combinan con mi saliva, los trago llenándome de éxtasis, de él.

Él me mira y empieza a temblar, lo miro mientras la tengo atragantada en mi garganta, no puedo hablar, tengo la boca llena de él, pero mis ojos expresan más que mil palabras y esos le gritan que me encanta hacerle la paja con mi boca, que es mi deleite verlo temblar, que mi fetiche más grande es escucharlo gemir, sabiendo que lo que estoy haciendo está bien, eso es un detonante para mis sentidos lascivos, es sentir que las llamas me queman el vientre, mientras me lo bebo por completo.

En un instante me retira, se toca él mismo y me dice

— ¿Te gusta ver cómo me hago la paja por ti?

–   ¡Me encanta verte y que me mires a los ojos!

Y es que en esos momentos los ojos no mienten, dicen la verdad y acá hay una sola, yo estoy loca por él y él este loco por el sexo placentero que le doy.

No tardó mucho, ya llevábamos tiempo en complacernos mutuamente y viene, viene su derramada y mi boca lista para tragarla toda, sin desperdiciar una sola gota, es mía, mi premio, mi orgullo y el suspiro por quedar temblando, extasiados en demasía, llenos y completos, libres de mente y cuerpo.

Le beso, me siento en sus piernas, paso mi rostro por su barba, me absorbo sus suspiros, me impregno de su aliento, y su olor lo llevo conmigo hasta las profundidades del recuerdo, donde lo guardo celosamente para traerlo presente cuando él no está.

Nos despedimos con un abrazo fuerte, un beso y un adiós o un hasta luego, pues no sé cuándo regresará y he aprendido a no esperarlo, a no anhelarlo, y menos a extrañarlo.

.

11 La visita inesperada

Era un día cualquiera entre semana, uno normal de trabajo sin altibajos, uno en donde no esperas que nada que te sorprenda, solo cuentas las horas del reloj sin avanzar, un día de esos que es de mañana y ya quieres estar en tu casa, en el confort de tu pijama, tu programa favorito, tu silla reclinable y mirar la calle desde tu balcón.

Es un día de esos que solo vives por vivir y cumplir el reglamento de 24 horas respirando, de comer a la hora acordada, trabajar sin prisa y sonreír, que eso lo sabes hacer muy bien.

Todo se me pasaba por la mente, menos pensarle a él, ya llevaba días nuevamente de su ausencia, después de un tiempo me acostumbré a ya no contar los días de su alejamiento, a que las semanas pasaran sin él regresar, sin un mensaje o una llamada. Eso sí, jamás he dejado de pensarlo, he tratado de sacarlo de mi mente y es inútil, así que ya no batallo con lo imposible, con lo irreal, con la fantasía de verle y sentirle nuevamente. Ya no lo espero y eso en cierta parte es un alivio muy grande para el alma, porque no te haces daño innecesario, no te flagelas con pensamientos torturadores, aprendes que es lo que hay y que se vive el hoy, no el ayer y menos el mañana.

Imposible sería no pensarlo, y en todos estos meses no he fallado ni un día de hacerlo, pero estoy en paz conmigo misma, en el momento que dejé de soñar, aterricé y planté los pies en la tierra y es qué quién no quiere vivir una historia de amor a esta edad, quién no quiere sentir que se le extraña, que te piensan, recibir un mensaje cursi e idiota pero que te hará sonreír tu corazón, yo lo quiero y lo deseo, pero me vestí de realidad y sé que él solo está en efímeros momentos de placer. Nunca había encontrado un espejo tan parecido a mí y esa es mi atracción con él, verle a él, es verme a mí en completa y absoluta perversión.

Las horas siguieron su curso, ya llegaba el medio día y me alistaba para comer, tengo mi reloj estomacal sincronizado, y de repente suena el timbre. Pensé

— Vaya hora de tocar.

Me asome para abrir la puerta del local y ¡Qué sorpresa!, ¡Era él!, ¡No lo podía creer!, jamás había venido sin antes escribir y menos sin avisar, y por otra parte sabía muy bien que a esa hora nunca estaba sola, cosa me dio mucha curiosidad y morbosidad a la vez.

Sonrió y me saludo

— Buenas tardes, pasaba por acá y quise saludarla y atraerle tus tasas (En una ocasión le vendí comida y él se quedó con las refractarías)

– Ese milagro, le conteste con cierta picardía e ironía en mi comentario.
– Salí y te las quería traer y te quería ver
– Se le agradece el gesto.

Hay un corredor al lado de las escaleras y no lo pensé ni medité lo que iba a hacer, simplemente fue un acto involuntario que hice al correrlo hacía ese sitio en donde la otra compañera no nos podía ver y menos escuchar lo que decíamos. Inmediatamente mis malditos ojos escupieron fuego y mi mirada se tornó perversa, no se podía hacer nada, pero era una oportunidad que yo no podía dejar escapar. Él estaba ahí junto a mí nuevamente y no le dejaría ir sin un recuerdo, pues no sé cuándo volverá y tengo que aprovecharlo al máximo en el momento que sucede el milagro de mis ojos al verle sonriente, con esos ojos que gritan ¡Tócame!, con esa boca que dice ¡Muérdeme! y con ese no sé qué que me atrae a él como un imán imposible de escapar.

– ¿Me extrañas?, le susurre al oído, mientras mis manos se dirigieron a su pantalón, tocando suavemente su sexo, bordeándolo y despertándolo al placer, a las sensaciones de estar entre mis manos, de sentirle nuevamente, pero esta vez con la adrenalina de vernos al descubierto.

– Sí, te extraño, pero no pensé que esta fuera tu recibida

E inmediatamente se puso dura, gruesa, como me gusta, metiendo mi mano, se lo saqué, me importaba nada a mi alrededor, y empecé a acariciarlo o pajiarlo como el mismo lo llama, su boca se abrió, sus ojos se dilataron, no entendía yo que estaba haciendo, estaba petrificado, pero no me iba a detener. Esta vez solo me quería ver, pero no se iba a privar del placer que yo le doy, de eso que hay entre los dos, de vivir esa emoción y menos me rechazaría al verme estremecida por él.

- Sigue así, qué rico lo haces, tienes la capacidad de hacerme enloquecer, ¡Cómetelo!, ponlo en tu boca, no te detengas

Y ya sus gemidos involuntarios salían de su ser, su cuerpo temblaba con las caricias que yo le proporcionaba, se mordía su boca y tan acostumbrado que esta de tocarnos al mismo tiempo y en esta ocasión no poder hacer nada. Entró en desenfreno, en emoción, en exaltación, lo que le estaba haciendo con mis manos le hacían perder el control, los suspiros salían, y las palabras no paraban…

- Sigue así mamita, cómo me gusta lo que me haces, sigue, que me voy a derramar…

Y al instante se derramó en mis manos, desvaneciéndose del placer y sin entender el porqué de esta locura, esta vez fui yo la atrevida, era mío en ese instante, mío y solo mío y es que me fascina que me tenga en la mente cuando piensa en la lujuria, era

mi tiempo y podía dejarle en su mente un bello y sorpresivo recuerdo. Él me iba a sorprender con su visita y salió sorprendido con mi acto de malicia.

Eso fue un acto condenado de maldad pura, de veneno y artimañas, de trampas y desafíos que me trajo el destino, de verla sumergido en el placer que le doy y en escuchar de su boca que me extraña salvajemente, porque no hay otra como yo. Y si la tiene me da igual, siempre regresa a por mí, siempre vuelve una y otra vez, siempre quiere más de mí.

Se acicala, se acomoda y se despide, yo le pido un beso y él me lo da, me besa apasionadamente, me besa expresando que sí me extraña, me besa y yo le veo marchar sin saber cuándo regresará.

Paola Maldondo

12 *Los paréntesis*

$\mathcal{L}$lamo paréntesis a esas ocasiones que son difíciles de mencionar, esas donde él llega cómo sí supiera que lo necesitara, de esas veces que solo quieres un abrazo y que te digan que tú puedes y por más difícil que se vea la situación lo vas a lograr, estos son momentos donde la vida te atormenta y te clava en el piso sin dejarte respirar, ocasiones que la vida te golpea fuertemente, tormentas que vives y que callas, olas embravecidas en donde tus brazos no son suficientes para llegar a la orilla del mar, suspiros donde pides morir, pero tienes que seguir viviendo y enfrentarte a la vida, con la cara lavada de tanto llorar, flaqueando tus piernas, pero dando un paso a la vez para caminar. Instantes donde él llegó varias veces para verme sonreír otra vez.

Recuerdo una de ellas, yo estaba en casa de noche y recibo su mensaje

- – Hola, cómo estás.
- – Ahora no puedo hablar, estoy llorando.
- – Qué te pasó, ya sabes que me gusta verte y oírte llorar, pero de felicidad al tener un orgasmo.

En ese momento le conté lo que estaba pasando, no paraba de llorar y él no sé qué sintió, sí se enterneció, pero no me dejó, me acompañó un buen rato por mensajes, hasta que ya nos despedimos.

Al día siguiente estaba sin ánimos, con la cara hinchada de tanto llorar, me sentía fea, sin maquillaje, sin vida, sin esa luz que me caracteriza, sin esa sonrisa sonora y loca que suelo tener, era como estar vacía y sin vida, pero tenía que trabajar y ahí estaba caris baja, pero cumpliendo mi labor.

El reloj transcurrió y ya marcaban las 4:00 pm, cuando me llega un mensaje

- Cómo estás, a las 5;00 pm estoy allá.
- Hola, la verdad no te recomiendo venir, estoy mal presentada, no tengo ánimos y mis ojos están hinchados.
- Por esa misma razón debo ir, me necesitas y allí estaré.

Pasaron los 60 minutos y el timbre sonó, tan cumplido como siempre, tan formal y caballero, tan radiante con esa sonrisa que me cautiva, tan, tan él, que se me olvidó el motivo de mi llanto y como por arte de magia empecé a sonreír. Me traía un detalle ¡Chocolates!, sabe que me encantan y eso fue maravilloso.

Quizás él ya tenía planeado todo, quizás solo quería que dejara un poco el estrés que llevaba en mi espalda, quizás y solo quizás mostraba un poco de amor por mí y eso me hacía sentir especial, única y valiosa, quizás sean solo conjeturas mías y como siempre solo quería follar, pero…Yo quería creer que era a por mí que se preocupaba y que no iba a ser una follada de más. En el fondo se la verdad, pero hay momentos que escoges creer tus propias mentiras, y esta sería una de ellas. Esta por mí y no por el placer que le doy.

77

Empezamos el juego de siempre, ese que inicia en una silla mirándonos atentos, sin perder la vista y menos cada movimiento que excita nuestros cuerpos. Esa masturbada mutua de complacencia y de sentirnos al tiempo, esa misma que despierta el hambre voraz por carne y fluidos, esa misma que nos convierte en adictos de nuestro placer y eso me hacía sentir tan bien, que solo me dedique a disfrutarlo y de que él me disfrutara, tanto que se dedicó por completo a mí.

Cambiamos de sitio y me dijo que quería besarme, que este día era para él complacerme, aunque aclaro, siempre nos complacemos mutuamente, pero hoy seguiría él como un preludio, como el anfitrión de una faena de sexo desenfrenado, de comernos a gusto y llegar al éxtasis de la plenitud de nuestra sed de placer y sexo.

Me hizo llegar tres veces, se enloqueció con mis gemidos, su mano jugaba dentro de mi vientre, su lengua lamia mi clítoris y su otro dedo hacía la venía dentro de mi trasero. Sensaciones que me hacen explotar al máximo, que me dejan indefensa ante él, eso me hace anhelarlo cada vez más, porque entre él y yo es como si hubiese un pacto, uno en donde los dos quedamos plenos, entre nosotros no es el que pueda más o pida o mande, ¡No!, simplemente es entrega mutua, él confía en mí y yo en él.

Y así recuerdo un par de ocasiones más, me siente caída y llega a levantarme, a darme ánimos, a follarme, a amarme, aunque no

haya amor, a hacerme sonreír y soñar, solo sé que llega a por mí y me hace feliz.

Lo confieso, he tenido buenas experiencias sexuales, y aunque con él no hay penetración, él hizo un antes y un después. Borró caricias de mi cuerpo y de mi mente instalándose en el presente, poniendo muy en alto su estándar sexual en mí. Tanto que olvidé mi pasado y el futuro lo temo, porque él me ha llegado a conocer a plenitud en pocos meses, y no concibo en mi mente que otras manos me vayan a tocar.

Él es un huracán en mí, revuelca absolutamente todo, inclusa derroca un "No", en segundos, y no es la primera vez que lo ha hecho, ya son varias en donde mí no, se convierte en un sí y con toda esta situación que estamos viviendo de pandemia, no sé cuándo volverá, su temor es real y la pandemia no para de llevarse seres queridos, solo sé que llama para sentirme en su piel con gran intensidad y yo le siento en todo mi corazón…

2:00 am y suena un mensaje, pero no lo escuché, mi sueño era profundo. Luego una llamada que hace vibrar mi cama, (tenía un presentimiento antes de dormir y algo me decía que era él, es el único que se atreve a escribir y llamar a esa hora) y así lo fue.

Miro el mensaje:

– ¿Estás muy dormida?

79

Y cómo pude le respondí:

- Sí, lo estoy.
- Estoy ansioso, mi miembro te llama, me desperté exaltado, excitado y pensando en ti, ¡Estoy así por ti!
- No quiero ahora, quiero verte.
- ¡Ahora!, te quiero escuchar, te necesito, quiero tus gemidos.

Y él sabe que mi infierno no se prende así de la nada, él lo sabe y empieza a decir lo que me gusta, susurrándome al oído, dejando escapar esos gemidos que me hacen estremecer, gritando mi nombre y todo lo que le gusta que le haga, enloquecido por el calor del cuerpo me llama, no aguanta más.

- Quiero escucharte, ¡Tócate!, quiero oír como mencionas mi nombre, como me pides mi sexo, mi boca, mis manos
- No quiero.

Pero en ese no quiero estaba entre un quizás sí, y al escucharlo las hormonas se alborotan, sabe muy bien lo que me gusta, sabe cómo me pongo y lo que hace en mi vientre cuando está presente, en sus manos solo soy una sumisa que le complace sus caprichos y el todo un Señor que satisface cada uno de mis deseos, dando rienda suelta a mis placeres, haciéndome estallar las veces que quiera, le encanta ver mi cara y escuchar los gritos en cada derramada que me hace darle a completa voluntad.

– ¡Hazlo, tócate!, mire como me tienes, estoy enloquecido, sabes que me vuelves loco, que soy tuyo, mi sexo esta así por ti...

Jadeos se escuchan cada vez más. Y yo empiezo a tocarme para complacerlo a él y me entrego a su lujuria, liberando mi perversidad, ya soy yo la que habla, la que le pide y le exige. Adoro escuchar ese "Soy tuyo", "Eres mía", "Mi puta, solo mía" y todo entra en descontrol. Conoce muy bien mis tiempos, mi respiración y abre la boca para comerse mi primer derramada, se satisface, se estremece y quiere más de mí, sabe que doy más y más y que no hay límites para sentir el hervor del torrente sanguíneo, solo que la siguiente va ser mutuo, nos queremos derramar juntos, al tiempo, bañarnos en fluidos y combinarlos, gritar al tiempo la libertad de ser poseídos, de pertenecernos siendo libres, de electrizar y paralizar los cuerpos cuando los pensamientos están unidos en un unísono de emociones, de canciones, y de sexo loco y apasionado, ese que nos deleitamos al compartirlo. Soy de él y él es mío en esos momentos efímeros que unimos los infiernos y los demonios se follan con descaro y sin remordimientos.

Un suspiro suelto, un beso me da él y nos vamos a dormir, en camas diferentes, a pocos kilómetros de distancia, pero tan, tan cerca, que abrazo mi almohada sintiendo que es él.

Este paréntesis me deja en desconcierto, creo que perdí ya la cuenta de cuántos orgasmos es dueño, de cuantas veces me visita

en la piel y otras tantas por teléfono, solo sé que él llega o me llama y yo le concedo mi voluntad.

Estamos en plena pandemia y la situación se ha complicado mucho más, llevamos 6 meses de esta aventura, de este paréntesis que hacemos de nuestras vidas y todavía no sé qué siente él por mí, solo sé que lo hago enloquecer en el sexo, sin saber si ha surgido algún sentimiento por esta loca de la vida que ríe, canta y baila, por esa misma que es una guerrera que lucha con garras y dientes y que en ocasiones se cansa de luchar y llora sin consuelo.

13 Los 10 orgasmos

Han pasado varios meses, casi un año de esta épica aventura sexual, de este no sé qué que nos une con tanta intensidad, de ese ilimitado placer de sentirnos tanto, de esa devoción al dar gusto a nuestros sexos, de esa voluntad de decir "nuestros", no tuyo, ni mío, solo nuestros. Y realmente suspiro y agradezco cada instante vivido. Ya no lo espero, hay días que pasan y ya no lo pienso como antes, creo que hizo efecto mi sinceridad de la razón y el corazón, quizás me cansé de negarme un placer que tengo cada …, tanto que se le da la gana aparecer y no me importa, lo vivo, lo siento, lo disfruto y lo gozo al máximo como si fuera la última vez que lo voy a ver.

Esta vez se perdió casi un mes, dejé de escribir de él en mis poesías, este libro que habla de él lo dejé a un lado, todavía no era la hora de ponerle punto final o quizás estaba esperando a que ya se decidiera mi corazón. Y así será en el momento que termine esta epopeya con el adiós definitivo. Y quizás y más quizás por eso no ha llegado aún.

Otro día cualquiera de esos que no esperas nada, más que la complacencia de tu compañía, más que amarte otro ratico a ti misma y para rematar recuerdo bien que era sábado en la noche. Estaba dispuesta a amarme, ya no lo espero, simplemente complazco mis deseos, me satisfago con gusto sin necesidad de un hombre y menos de él, ya me estaba liberando de la costumbre de follarlo y me estaba encontrando nuevamente con

Paola Maldonado

la mujer que soy: esa que es libre en su cuerpo y en su mente, esa que se prepara para la cita más importante que hay: con ella misma y entrar en su relajación sexual merecida… y ahí entra una llamada, la llamada, él nuevamente.

Me saluda y me cuenta que está de viaje y ese es el motivo de su ausencia. (Yo no le estaba pidiendo explicaciones de su desaparición y no entendió por qué las dio) Seguimos con la charla y en ella me dice que en 10 días llega a la cuidad, pero que me extraña, me piensa y que esa verga me desea. Suelto la carcajada irónicamente y pienso para mis adentros: No va a encontrar a otra como yo, nadie le hará el amor con la intensidad de la lujuria y la dulzura de mi ternura y no, no alardeo de lo que hago, es qué simplemente otra como yo, jamás encontrará y ya soy imborrable en su corazón, así no sienta amor por mí.

Seguimos con la conversación e inevitablemente llegamos al tema sexual. Ahí le menciono que estaba a punto de empezar mi faena, de consentirme y él me dice que no, que por favor me aguante los 10 días por llegar al país. Le digo que no, que quiero y quiero ya, que, si quiere que me hable, pero yo lo haré sí o sí.

Lo confieso, al escucharlo nuevamente todo se me revolvió, todo estaba bien sin él, pero su presencia me lleva al descontrol, al desborde de la pasión, a soltar la lujuria guardada en mi cuerpo y no lo resistí: me empecé a tocar, dejando que escuchara mi respiración, transportándolo a mí lado en plena distancia, a hacerlo vivir mi locura y entrar en desesperación.

Paola Maldondo

Sé que había alguien más en casa, se escuchaban susurros de gente, la verdad no pregunté, jamás lo hago. Pero sé que se ocultó de todos para hablarme morbosamente y escuchar con furor mis orgasmos. Él sabe que no tengo límites de ello, que ha probado y bebido de su boca 5 o 6 directamente de mi vientre y esta vez su intención era escuchar un anhelado 10. Por otra parte, también se ha esforzado por volverse inolvidable, produciendo en mí cosas que jamás antes había vivido. Es como si estuviéramos en una competencia de quien más deja huella imborrable tanto en la piel como en el pensamiento. Él es dueño de los orgasmos jamás vividos y yo soy dueña de horas de orgasmo intensos regados en mi boca y eso nadie lo va a igualar, ni él ni yo, tal como lo dijo: Nosotros.

No se trata de dar más o menos, entre los dos hay una igualdad exquisita e incomprendida ante los ojos de los demás, es una completa adicción profunda, aquella que dejas y crees que superas, pero al roce de la piel, caes de lleno en el abismo de la pasión desmedida que nos damos los dos. Ojalá le encontrara un nombre a esto, al final después de los 40 el amor es libertad y él con sus 50 y tantos, sé que soy la luz del infierno que nunca vivió.

Somos como ese puzle que encaja a la perfección, cada palabra es una ficha en esta estación, cada movimiento, cada beso, cada orgasmo lo compacta a la perfección. Creo que lo único que hace falta entre él y yo es el amor. Bueno diría que de parte de él.

Paola Maldondo

Seguimos con la llamada, y todo se calentó, él dijo: quiero un 10, yo solté la risa en medio de gemidos, y solo le respondí; estás loco. Pero no, no lo estaba. Puso todo su esfuerzo por que así fuera y yo, yo no resistí, solo me dejaba llevar por su voz, por esa manera tan suya de hacerme de él y solo de él, por esa transformación que me hacía tener y es que indiscutiblemente que la distancia, el alejamiento y el silencio entre los dos, hacía que cada encuentro llevará más intensidad que ayer y esta vez a pesar de ser por llamada se vivió tal y como si estuviese presente.

Y si, si llegué a 10 en una llamada, algo que jamás había experimentado y lo mejor aún, 10 días debía estar sin tocarme para esperar su regreso.

Pasaron los 10 días, era inevitable no contarlos, no desearlo y más al haber vivido tanta intensidad, ¡Dios! esto es un martirio contar los días en el calendario, es una angustia a la intensidad de volver a verlo y esta vez, a pesar de los 10 días de la llamada, llevamos un mes completo sin vernos en carne y hueso.

Me mordía la boca de pensarle, pero no soy de las que escribe, ni de las que envía un mensaje y me estaba volviendo loca en la espera, otra vez estaba como una adolescente, se me había olvidado las promesas o ese 10 caló profundo en el alma, temblaba en el pensamiento de verle de nuevo y esa mujer valiente otra vez al piso fue a dar. Otra vez mi corazón latía por él, otra vez regrese a esos primeros meses de intensidad, que difícil es y más cuando ya estas desapegada de él.
Llegó, ¡llegó! y yo que saltaba como niña consentida. Por fin ese mensaje que tanto esperé lo estaba viendo. Me imaginaba

Paola Maldonado

sentada en la puerta, algo así como esa niñita que espera a que pase el señor de los helados o que pase el señor que vende su dulce favorito, ese mismo que me iba a llevar a la gloria entre sus besos y caricias, a ese 10 que se derramó entre mis manos, pero ahora sería en su boca, ese 10 que hacía temblar la tierra de mi vientre al llegar y poseerme, ese 10 que realmente no pasaba nada si ni fuera un 10, ese número era para mí solo era el pretexto predilecto de volver a verlo.

Llegó y el suspiro fue tan, pero tan de dentro de mi alma, que mis ojos cobraron vida, se llenaron de luz, de intensidad, de emoción y corrí a abrazarlo y besarlo como nunca lo había hecho. Me miro y sonrío, se sentó en su puesto y caí más que antes, estaba absolutamente en sus pies.

Empezamos la faena de siempre, pero esta vez con una intensidad salida de la normal, diferente a esa que hemos vivido meses atrás. Han sido tantas folladas que perdí la cuenta y eso es lo más sorprendente, que, a pesar de tanto tiempo, de tantas veces…, el hambre de comernos se hace más intenso con el tiempo. Esa sed de devorar nuestros sexos es una competencia con el infierno. Acá no hay amo ni sumisa, solo dos personas irracionales que se devoran hasta que la misma carne grita: ¡No más!, hasta que la piel arde, hasta que la garganta no le sale otro gemido más, hasta que el vientre se destroza, hasta que él y yo, no sintamos que caemos llenos de glotonería, extasiados de tanta pasión.

Y como era de esperarlo, los 10 orgasmos se los bebió.

Paola Maldondo

No sé qué pasa entre los dos, pero la última vez que estuvimos juntos mencionó entre gemidos que no, ¡No hay otra como yo! Creo que ha buscado esta intensidad en otras manos, en otra boca y no lo ha conseguido, creo que por eso mismo se aleja tanto de mí, esperando no necesitarme o más bien no amarme y así no sentir que pierde su libertad intelectual. No se ha dado cuenta que a esta edad el amor es un privilegio que pocos tiene a su alcance y por eso huye de mí, no hay otra explicación o más si la hay, pero no la quiero ver en mi realidad.

Solo sé que algo muy fuerte siento por él, pero la vida me ha enseñado tanto, que aprendí a vivir sin lo que amo, porque primero está mi paz y mi tranquilidad. No lo niego me contagió de su modo de vida, de disfrutar el hoy y no el mañana, de vivir el momento sin esperar más, de disfrutarlo y amarlo cuando aparece, pero…esa no soy yo.

Yo quiero despertares al lado de alguien, que me den atención, cariño, que me valore y me ame por lo que soy, más no por el placer exquisito y único que le pueda brindar. Yo quiero verme de la mano de alguien que me mire orgulloso y en sus ojos me grite que soy lo mejor que le ha pasado. Quiero reír por desastres que llevamos en el corazón, por las heridas pasadas, por las caídas y las subidas, lo quiero todo y darlo todo. Y aunque el sexo ha sido exquisitamente delicioso y único, me cansa. Así es me cansa, porque los años siguen pasando y el cuerpo cobra factura y toda esta efervescencia va a pasar y vendrán los años mejores, y esos los quiero vivir, ¡vivir carajo! Como una adolescente, con el corazón de niño, el alma juvenil y el cuerpo

88

Paola Maldondo

maduro por la edad. Quiero eso y mucho más al lado de alguien que me de amor de verdad y no momentos de placer nada más.

Quizás sea una romántica empedernida, quizás jamás llegue un hombre con los pantalones bien puesto y me de mi lugar, el que me merezco, el mismo que brindo, de igual a igual. Quizás ya me adapté a mi soledad o simplemente me amo de tal manera que no me conformo con menos de lo que doy y a pesar de haber hecho un paréntesis grande con él, el "10", un hombre fenomenal, culto, inteligente, formal y perverso hasta no más poder, no será él quien cuide de mis dolencias , quien me vea despeinada al despertar, quien aguante mis pedos dormida y despierta también, mis achaques, mis niñerías, esas donde deseo que me consientan y me complazcan en lo que quiero y deseo …suspiro por una vejez en buena compañía, en una absoluta complicidad y un beso 10, un abrazo 10, un amor al 100.

14 Sin un final

Yo sabía que desde el momento que empezó todo, aquel 28 de diciembre, tendría un final más pronto de lo que esperaba, más pronto de lo que lo anhele, más pronto que tarde, más pronto que un ayer.

Pero este final, duro más de lo esperado, se robó mil orgasmos, mil tardes exquisitas de aventuras, risas y más risas y con ella se llevó mi corazón.

Jamás hubo un te quiero, ni tan siquiera un me gustas, no hacían falta. Todo se hablaba con las miradas, con las caricias, con los poros del cuerpo, con la piel oliendo a sexo, con los besos que nos dábamos y los abrazos inesperados.

Me quedan esos momentos donde dejó ver algo de ternura, aunque perversa de su alma, cuando desafortunadamente yo caía, yo lloraba desesperada por los problemas de mi vida, por esos que me martirizan mi existencia, él llegaba como un bálsamo sanador. De esas ocasiones recuerdo tres que se quedaron para siempre en mi memoria y son tan especiales, que no las dejé en este libro de relatos, pero quizás si en una que otra poesía. Las guardé tan celosamente en mi corazón, que no quise compartirlas, no quise que fueran leídas, aunque llevarán los mejores orgasmos de mi vida. Sí, así es, increíble, que, en medio

Paola Maldondo

de mi llanto, yo gozará tanto y eso solo lo podía hacer él: Mi Perverso, Mi Señor, Mi gran Admiración.

Y aunque él no lo sepa, a nadie le di todo lo que le di a él. Simplemente llegó y pensé, a él le pertenece mi sumisión, mi entrega, mi verdad, esa mujer que nadie conoce, que nadie más ha visto tan desnuda de corazón. Mis barreras de protección siempre alejan a las personas, siempre obstaculizan y no dejan que yo muestre más allá: esa mujer completamente lasciva de alma, piel y corazón. Esa mujer que es capaz de amar en silencio, aunque no sea correspondida, esa mujer que suspira y llora por haber sido atrevida, esa mujer sensible que nadie ve, esa mujer, que es mujer.

Ojalá llegarás en estos momentos y limpiaras mis lágrimas como aquellas veces que lo hiciste tan tiernamente, ojalá volvieras para arrancarme ferozmente esos orgasmos de mi vientre, ojalá no te fueras de mi vida, pero todo lo bueno en movida termina antes de llegar a una esquina. Y para ser sincera de este tren me bajo yo, aunque son los mejores orgasmos que haya vivido, aquellos en los que me he bañado como un río, eso no lo es todo y no me llenan, no es lo que realmente quiero, y menos lo que anhelo. Por él, creo que jamás se iría, se quedaría para llegar cuando se le da la gana, cuando tiene ganas, cuando no puede más de esta tentación, cuando ya su verga me pide a gritos, sí a mí me reclama por los besos que mi boca le sabe dar.

Tú me diste tanto, que solo te estoy agradecida, tanto que jamás pensé escribir un libro por primera vez. O más bien lo pensé por años, pero jamás tuve la motivación exacta de empezar, jamás tuve la valentía de decir: —Lo voy a terminar, tendrá capítulos y un final, poemas para suspirar. Esto es un proyecto ambicioso como el mismo amor que siento yo. Jamás alguien me había brindado la inspiración para escribir un libro y menos llamarlo "Mi Perverso" y lo hago desde mi corazón, jamás pensé que un día de medio día, cambiaría mi vida.

Hoy estoy aquí, con lágrimas en mis mejillas, con suspiros que cortan mi tráquea para salir, con un dolor que me atraviesa como un puñal mi pecho hasta mi espalda, con un sollozo que no me deja respirar pero mis manos no dejan de escribir, porque este momento lo estoy escribiendo con la sangre de mi corazón, con esa que recorre mis venas dándome la vida entera, con esa misma que un día pienso dejar salir para dejar de existir, con esa que me está quemando el pensamiento, con esa misma sangre que sale como perlas por mi rostro, esa misma que se ha vuelto un tsunami en mi estómago, dándome náuseas por este adiós.

A ti, a Mi Perverso de corazón, a ti te escribo yo, para dejarte un pedacito de lo que soy. Aunque te confieso, acá no hay un pedacito de mí, aquí me he desnudado, aquí he dejado expuesta mi verdad, mi piel, mis sentimientos y mi corazón. Y si no te has dado cuenta, me enamoré de aquellos ojos que me miraban sin perversión, sin maldad, pero con una ternura que arrasa con las

cadenas puestas en mi corazón. No hay otra explicación para esto, ¡Maldita sea!, lo confieso: Te amo Mi Señor.

Hoy dejo expuesto mi gran secreto: me enamoré de alguien que solo busca desahogarse en orgasmos regados, me enamoré de un hombre que jamás me amo. Y no lo culpo, yo lo permití, yo dejé que hiciera conmigo lo que le gustaba, permití todo, absolutamente todo, porque él también permitió que yo ultrajará su cuerpo a mis caprichos, a mis deseos, a esta condena del infierno bajo mis piernas, a esta tentación de verlo temblar con cada acción de mi lengua, mientras que él se desfogaba en mi cuerpo. Yo le amaba con la razón y el corazón, dejando derramada la misma alma y él solo derramaba los fluidos de su piel.

Es cierto, jamás te dije nada, solo acepté el juego de derramar orgasmos, solo acepté el juego de estar para cuando tú quisieras, solo acepté las folladas que me dabas sin corazón, y sé que no te diste cuenta que en cada orgasmo te daba mi vida entera, que era tuya, completamente tuya en alma, cuerpo y mente, que no era capaz de decir que ¡No!, no por desahogar unas ganas, es que por saciarlas me tengo yo, era porque te amaba desde mi alma, y de eso me di cuenta el día que quedé sentada a tus pies, besando tus piernas, con los ojos cerrados, suspirando y dando gracias al cielo por haber tenido la oportunidad de vivir otra vez, de sentir en mi piel, y sobre todo de masturbar a mi corazón.

93

Hoy solo queda el adiós, aunque no sé sí vuelvas, quizás sí, por los servicios que presta el lugar donde trabajo o por hacer pedido de la comida que preparo yo. ¡No lo sé!, solo sé que esta vez tengo que ser fuerte y ya no caer, esta vez no te podré mirar a los ojos, mandarte la mano al pantalón y tocar la gloria de mi perversión.

Ya no, ya he confesado mi amor y llegó la hora de protegerme, llegó la hora del adiós, de ser valiente en mi corazón, de decir no más, de parar esta hermosa aventura que me dio una razón para existir, me dio muchas risas y demasiados recuerdos, me dio una bendición y fue esta luz, este tesoro que tengo entre mis manos, este que estoy terminando de escribir, este donde mis lágrimas pintan mis dedos para decir adiós.

Te amo Mi Perverso, y quizás me reponga algún día de esto, pero hoy, hoy lloro como Magdalena, hoy lloro desesperada por escribir el punto final de esta historia, deseando que sea un punto seguido, deseando desesperadamente que no te hayas ido, anhelando que digas: —Yo también me he enamorado. ¡Fantasías y más fantasías! piensa hoy mi loca mente, para no darle un punto final a esta historia que duró más de lo que yo pensé y menos de lo que yo anhelé. Fantasías y más fantasías al pensar que un hombre cómo tú, se pueda enamorar de una mujer loca como yo. Siempre lo tuve claro, solo fui la perversión que deseaste, más no el corazón que anhelaste.
Aquí jamás hubo una promesa, una palabra o un decir para que yo interpretará amor de tu parte, ¡Jamás lo hubo!, solo había sexo

y más sexo, solo pasión y desenfreno, solo orgasmos derramados a común acuerdo. Solo que soy Mujer, y cómo siempre uno lleva las de perder, uno que, aunque no quiera meter el corazón, se jode la razón. Uno va más allá de la línea, que el hombre no pisa jamás, uno ama y sufre a propia voluntad.

Adiós.

95

«La pasión después de los 40»

La pasión después de los 40 años
es otra historia,
es algo tan bonito y sagrado,
que no cualquiera tiene ese privilegio
de disfrutarlo.
La persona merecedora
debe ser inteligente,
seductor, tierno
y excesivamente perverso
para despertar en ti el deseo
de entregarte y vivir
una aventura en la mejor edad.
Y es qué atreverse a vivirlo es renacer,
es sentir, es morder, es desafiar
en una mirada la tentación del diablo,
es ir al todo por el todo
porque ya no hay nada que perder,
y sí mucho por vibrar.
La pasión después de los 40,
es una cosa de locos,
porque es volver a la adolescencia,
pero con la experiencia
de todos esos años vividos,
es satisfacer el deseo sexual lento,
muy lento hasta estremecer,
sin apuros, sin afanes,
tocando la gloria en tus labios,
deslizándose suavemente

Paola Maldonado

por un camino conocido pero atrevido,
sintiendo la adrenalina
de una aventura que jamás
pensaste vivirla.

Es volver a la adolescencia,
pero con experiencia,
porque está vez besas distinto,
está vez el placer no es llegar,
es viajar a las estrellas
sin un destino final,
es saborear el polvo
con un placer infinito
que desborda tus sentidos,
es mirar a los ojos
y ver el ángel y el diablo
en esa misma mirada que te masturban
el pensamiento, la razón, la piel
y quizás el corazón.

La pasión después de los 40
no empieza con amor, no,
empieza con inocencia,
sí, así es, la inocencia de pecar
en completa voluntad,
la inocencia de un niño
que no se va a detener hasta lograr
su cometido,
sin ver pecado en el acto más puro
y sagrado,
sabiendo que tocarlo
es lo que lo hará niño
en sus años vividos.

97

Paola Maldondo

La pasión después de los 40,
es algo de locos,
no tiene prisa por llegar a un orgasmo,
solo recorre el camino lento,
tan lento que la piel tiembla
y clama por más,
la piel se vuelve joven
y aguanta las locuras
de unos besos bien dados,
de una lamida exquisita
y de tragarse con placer
toda su miel hasta hacerlo desfallecer

La pasión después de los 40,
se vive cómo si hoy fuera
la última oportunidad de amar
con total libertad el cuerpo,
mientras que con la mirada
se follan el corazón inexistente
en sus almas.

La pasión después de los 40,
solo se vive en completa libertad
con quién es capaz de despertar
uno a uno todos tus demonios,
luego los desafía y se encariña,
los besa y le aplaude la arrogancia
de ser infierno en un mundo de muertos.

Paola Maldondo

16 DESPERTARES

1. El café, café, café,
es todo lo que necesito
para despertar con una sonrisa
y bueno, tenerlo a él
en mis pensamientos
hace que mis ojos
se iluminen de picardías,
que mi boca quiera morder
y que mi locura esté al 100.
Y pienso:

—¿Es mi café o será él
lo que necesito para sonreír?
Y en ese instante alzo mi taza de café,
mordiendo la manzana del pecado,
dejándola caer a mis pies,
soltando la carcajada
para admitir que esa mezcla de café
y de pensar en él,
son los que hacen de mi despertar...
Un sonreír.

Paola Maldondo

2, Hoy el café me sabe a él,
a su olor, a su sabor,
a esa manera
que me hace sentir al cerrar los ojos
y beber de mí "el café".
A ese momento donde
yo lo bebo de en medio de sus piernas
y lo hago estremecer...
¡Sí!, hoy el café me sabe a él:
fuerte, cargado, y un poco amargo,
en su punto perfecto
al degustar en el paladar,
a ese que te hace adicto
al café y a su miel.

3.   Hoy la risa no para desde

Paola Maldondo

que desperté,
ya estoy sonriendo
y es por culpa de mis pensamientos,
o más bien de él ...
Y es que él es la locura más bonita
en toda mi vida.
En estos momentos
estoy en la mejor etapa de mis años,
y cómo no estarlo,
si tengo más de 40,
pero vivo y hago locuras de una de 20
¿Qué más le puedo pedir a la vida?
Si lo trajo a él
en medio de mi soledad,
para devolverme la picardia,
para suspirar y bueno,
aquí estoy saboreando mi café
y su olor,
riendo de ese momento
que lo tenía indefenso,
contra la pared, ahí,
donde sus ojos gritaron
que es mío
y que estaba a mis pies...

Sí, río por ese momento,
porque su entrega a mí
me hace vivir,
ya que yo me entrego
de la misma manera
estando a sus pies.
"Café, él y recuerdos,
no hay mejor manera de despertar
con la sonrisa tatuada al mundo,
pero sobre todo ver sonreír a esa mujer
que miro en el espejo al tomar el café".

Paola Maldondo

4. Hoy el café,
indudablemente me sabe a ti
y es qué con tan solo abrir mis ojos,
ya te pienso, ya te siento y ya te extraño.
Y sé qué te pasa lo mismo,
porque hoy mi despertar fue
tu mensaje de buenos días,
de cómo estás, cómo sigues y ...
ya con eso has iluminado mi día.

Paola Maldondo

5. Tomar mi café
es lo más maravilloso del mundo,
son momentos únicos entre mi café y yo,
entre mis pensamientos
y disfrutar su sabor,
entre recordarte
y saber que estás presente,
robándole al café su momento
de intimidad conmigo,
y no tengo queja, me encanta que…
en mis momentos de soledad,
tú te hagas presente,
porque lo estás,
y saborear mi café,
es saborear te a ti también.

Paola Maldondo

6. Desde qué él apareció en mi vida,
tengo un gran dilema,
uno muy fuerte,
porque no sé a qué soy más adicta,
a él o a mí café...
Y es qué dejarlo
que haga conmigo lo que quiera,
me es un deleite, un delirio,
una completa locura,
una tentación viva,
un pecado que me encanta
cometer una y otra vez
y es qué él se bebe mi café
cómo todo un maestro,
sorbo a sorbo,
dejándome indefensa,
agotada, y tan extasiada
que nadie lo había hecho así.
Y ahora despierto
con la mordida en el labio,
la sonrisa tatuada en mi rostro
y el deseo ferviente de más café.

(Suspiros inagotables salen de mi alma)

Iré por mi café,
mientras él despierta,
necesito recargar energía,
para qué él se beba
cómo un loco desenfrenado,
otra vez...
Mi café.

Paola Maldondo

7. Hoy no me quiero despertar,
hoy es de esos días que la cama
me envuelve un poco más,
solo me levanto por mí café
y así saborear ese aroma
qué él dejó en mí piel.
Llegó cómo un vil ladrón
a las 3:00 a.m.
para robarme 3 orgasmos
de mi piel.
Sí, no tuvo piedad
en despertar mis instintos de fiera,
esos que me hacen pecar
y es qué él es mi condena,
mi maldita droga,
esa que me enferma
o me tranquiliza
¡Ya no lo sé!
Solo sé qué soy tan suya
cómo no lo había sido jamás
de nadie.

Paola Maldondo

8. Necesito mucho café,
más qué el de siempre,
necesito abrir mis ojos,
o quizás sea abrir mis pensamientos,
esos que no me dejan en paz,
esos que me hacen suspirar
a cada instante,
esos que tengo clavados
entre el su olor y mi cuerpo,
esos que no me dejaron dormir
por estar trayendo a todo momento
su recuerdo
a cada poro de mi cuerpo,
esos que gritan porque se repita hoy,
una vez más,
esos que me seducen al verle frente a mí,
haciéndome el amor.

Paola Maldonado

9. No he querido
hablar de ti,
dejé mis letras a un lado,
las he rechazado,
quizás por miedo
de leer mis sentimientos,
pero esta mañana
fue inevitable pensarte
mientras tomaba mi café,
salió el humo
y su aroma
y te vi,
sí, te vi
en frente de mí,
mirándome con esos ojos
de lobo oculto
en el disfraz de oveja,
con esos deseos
de devorarme al instante
y yo, yo de entregarme
sin reparos en tus manos,
así era,
y seguramente si volvieras,
así sería nuevamente,
porque me hiciste tan,
tan tuya,
que mi piel todavía
respira tu aroma.
El café de esta mañana
me hizo escribir de ti.

Paola Maldondo

10. Mañana de domingo
fría y amena a la vez,
fresca y con poco sol
e inevitablemente
tú estás en mis pensamientos.
Hoy no quise café,
no quería recordar tu aroma en él,
pero a quién quiero engañar
sí con café o sin café
en cada despertar
tú te haces presente.
Quizás sea cuestión del tiempo,
de la costumbre
y de la manía de sentirte cerca
cuando hoy existes ...
tan lejos de mí.

Paola Maldondo

11. Dicen que uno es
de quién piensa
al despertar,
y tú estás ahí en mi mente
como un virus que se ha reproducido
Corro por mi café
para ver si despierto
de una vez por todas
lo tomo, lo huelo y lo saboreo
y tú sigues como intruso
en mis pensamientos
¿Será maldición?
¿Serán sentimientos?
¿Será que enfermé?
¡No lo sé!
Solo sé que estás clavado en mí.

Paola Maldondo

12. Estoy con mi café
y a la vez pensando en ti,
quizás te dije cosas fuertes
o más bien a mi estilo,
directas y a la yugular.
No había mentiras en mis letras,
solo la verdad,
y la pediste, me conoces ya
y sabes que no suelo callar.
Y con todo esto y tu silencio...,
no dejo de pensar:
¿Dejarás que se vaya el tren?,
o ¿Serás capaz de subirte al vagón
de la locura llamado amor?...
Se requiere ser valiente, para vivir
y disfrutar de un presente.
Se requiere salir de lo convencional,
para vivir la locura que yo te ofrezco
en mi mirar.

Paola Maldondo

13. La mañana está fría cómo mi alma,
helada como mis pensamientos,
triste como mi corazón y mi café,
mi café quiere calentar mi aliento,
quiere verme sonreír al tomar
mi primer sorbo y lo bebo,
cierro los ojos y vuelve mi adición a ti,
regresas como rayitos de sol
que calientan mi corazón
y todo se vuelve un dejavu,
respiro, suspiro y sonrió,
ya no hay nada entre nosotros,
no quedaron pendientes,
ni promesas por cumplir,
simplemente nos vivimos
intensamente así,
al igual que mi café, fuerte, cargado e
intenso, sin un principio ni final,
simplemente te esfumaste en la oscuridad,
al igual que bebo mi café,
un par de sorbos más y ya no está.

Paola Maldondo

14. Un nuevo despertar
y busco mi café y en el veo tus ojos
y pienso:
qué escribiré hoy en tu libro,
sí escribir de más
o quitarle a esta locura
las páginas de mi alma.
No sé si tenga sentido
seguir desnudándome
o mejor borrar todo y quedar vestida,
cerrar el libro, botar el lápiz
y despedirme de la inspiración,
enterrar lo que no he dicho
y quemar lo escrito.
Al final, esto solo es una locura de más,
jamás había anhelado escribir un libro
y menos entregárselo en sus manos,
aunque mis letras
se queden en el olvido.

15. Despierto y tú,
igual que el café...

Paola Maldondo

En mis pensamientos.
No te sales de ellos.
No dejas de existir
dentro de mí.
No dejas de tentarme
y desafiarme.
Me siento totalmente impregnada de ti,
de ese aroma
que dejas en mi piel,
de ese que busco
en mis sábanas mojadas,
en mi almohada al dar
tantas vueltas en la cama.
Otra mañana y tú ahí,
como el virus que contamina
mis pensamientos,
como el veneno sin antídoto
que destreza mis sentidos,
como el vil ladrón
de mis sueños,
de mis pasiones,
de mis bajos instintos,
esos que solo buscan
desahogasen en tu piel.

Otra mañana y tú,
tan indispensable
como mi café.

113

16. Desperté un domingo
con un solo pensamiento
"Ya no serás más mi café"
Y en ese instante
llega tu mensaje:
–No puedo ir.
La excusa perfecta
para decir adiós.
Yo ya lo había dado
en mi corazón,
pero me faltaba ser valiente
para dejar mi adicción.
Y tú, tú lo hiciste por mí
y en este instante suspiré.
Se acabaron las letras,
los orgasmos,
las aventuras,
la adrenalina,
y la tentación del pecado
y llegó lo que tanto temí
... El adiós.

17. Ya las mañanas
serán solo de mi café,
ya no tendrán
comparación contigo
pues he superado mi adicción a ti.
Solo me queda mi café,
el de siempre,
ese mismo cargado e intenso
que me hace soñar y viajar,
ese mismo que me hace imaginar,
ese mismo
que me hace tener
miles de aventuras
en mis pensamientos
con un amante cualquiera,
que vive en algún rincón
de mi habitación.
Un amante sin nombre,
sin rostro, sin voz.
Solo un espejismo
que llega
para cautivar mi corazón.

Ya el sorbo del café
no lleva tu nombre.
Ya el olor del café
no lleva tu aroma.
Ya mi adicción al café
me vuelve a pertenecer.

Paola Maldondo

18. Abro mis ojos y agradezco.
Sí, agradezco haberte conocido,
agradezco haber tocado tu piel,
agradezco las risas
que le sacaste a mi corazón,
agradezco la manera
en que me amaste
cada vez que llegabas como un ladrón.
La agradezco, aunque para ti
solo fuera una follada de más,
una aventura de la edad,
y una luz que no podías desaprovechar.
Para mí, no fue una follada más,
para mí fue entregarte el alma
en cada despertar,
fue abrirte mi corazón
para que lo masturbarás sin razón.
Para mí esto fue amor,
aunque para ti hubiese sido
una fantasía cumplida a tus pies.
Gracias.

19. De las partes de este libro
esta es la que me golpeado un poco.
Las mañanas eran con sabor a ti,
sabor a euforia,
sabor a ilusión,
sabor a aventura,
sabor a sexo,
sabor a lujuria,
sabor a locura.
Y hoy solo saben a café
de ese que no lleva tu nombre,
de ese que no huele a ti,
de ese que preparo en mis manos
batiéndolo en mi vientre…
Sin ti.

Paola Maldondo

20. Cada mañana es distinta
no sabes cómo va a salir el sol,
si fuerte e intenso, u opaco y con lluvia
o de ambas, eso no lo sabes
a menos que estés atento
a los informes meteorológicos.
Y yo, yo no veo noticias,
solo dejo que el día me sorprenda
al igual que tus llamadas.
Y nuevamente suena el timbre
a las 2:00 am
y mi teléfono insistente,
¡Eras tú!
quien con una sola palabra ya me tenía:
jadeando, gimiendo, masturbándome,
complaciéndote con las palabras
que te hacen enloquecer,
confesándome a la luz de la luna
que soy yo la que te vuelve loco,
que soy yo
la que te masturba con ternura,
soy yo
la que hace realidad tus fantasías,
soy yo, ¡La puta!
que deseas saboreando tu sexo,
soy yo,
¡Maldita sea!
la que te da la lujuria
que envenena tus sentidos,
esa que te hace gritar,
temblar
y postrarte a mis pies.
¡Sí!, soy yo,
la que no espera,

Paola Maldondo

pero se entrega,
la que no llama,
pero te atiente,
la que no te busca,
pero te anhela,
la que te folla
con amor
aunque tú no sientas
que el latido de tu corazón
es por mí.
Y maldigo por todo esto,
por esta estúpida debilidad,
esta que no ha aprendido
a decirte que ¡No!
Esa que te atiende
como si fueras
Mi Dueño y Señor.
Quizás algún día
no lejano
sea capaz de parar
y decirte con voz firme:
¡Ya no te follaré más!

Paola Maldondo

21. Hoy desperté
sin ti en mi pensamiento.
Y sé que es así
porque ya no escribí
del café que huele a ti.
Ya no me nace inspirarme,
no me apetece
el amor en la infusión,
ya no quiero regar
la tinta de mi corazón.
Ya no.
Simplemente no fuiste
el primer pensamiento
al abrir mis ojos,
ni el suspiro robado
al ver el amanecer en mi ventana.
Ya mi boca sabe a descuido,
y mi piel huele a indiferencia,
a ese que se instala en el corazón,
barriendo los recuerdos
de tus caricias,
de tus besos,
de tus dedos en mi vientre,
del placer de tu sexo en mi boca,
y del sentir morir en tus ojos.
Ya tu nombre
se está volviendo
neblina en mi mente,
y lo sé al no derramarme
en orgasmos textuales
para ti.

Paola Maldonado

22. Eran tan inspiradoras las mañanas,
tan llenas de lujuria en el café,
y mis letras solo se derramaban por ti.
Y hoy solo quedan
espacios vacíos en los renglones,
poemas inconclusos,
versos débiles e inertes,
prosas sin sentido,
madrigales sin estrofas,
sonetos sin rima,
acrósticos sin nombre.
Solo quedan letras
llenas de ausencia
que no masturban
la diástole y la sístole
del corazón.

Paola Maldondo

23. ¿Qué sería del café sin el suspiro?
¿Qué sería de las letras
sin la nostalgia?
¿Qué sería del poeta sin su inspiración?
Y... ¿Qué sería del poema sin amor?
No serían nada.
Por eso a pesar de salir
apedreada, golpeada y ultrajada
por mis propios pensamientos,
dije; - ¡Sí!, y lo acepté.
Te acepté en mi piel, en mi alma
y en mi corazón.
Siendo consciente
de mi propia muerte,
del veneno que me inyectarían
tus labios,
de la maldita adicción
que tendría de tu lujuria,
del abismo en el que me arrojaría
sin paracaídas
al tirarme de picada en tus brazos.
Lo sé, eras un mal necesario,
uno que tenía que vivir,
uno que debía alimentar,
un miedo más por batallar
al romper mi corazón
en mil pedazos
por la habitación.
Así tenía que ser,
era la única manera
de volverme hoy ...
Poeta.

24. Quise tantos cafés a tu lado,
que me quede sin azúcar
para endulzar la mañana,
me quede sin el calorcito
que quema los labios
al saborearlo,
me quede sin la degustación
de saber que estaba
en su punto amargo.
Me quede sin el olfato selectivo,
ese que aspiras
y te llena el estomago
sin haber tomado
un sorbo de café.
Me quede vacía,
sin tu lujuria,
sin tus besos,
y sin tus caricias,
sin esas palabras
que nos hacían enloquecer.

Lo sé, lo sé muy bien
no soy una niña
y menos una inexperta
en términos del amor,
solo que no dejo de ser mujer
y menos de esas que sueña
ante una vana y escasa ilusión.

Tú solo eres de esos cafés
que te tomas en el extranjero
recordando el aroma de casa,

Paola Maldondo

el placer de vivir en los labios
y el deleite que no se va a repetir.
25. Te convertí
en mi café,
en ese exclusivo
de mis labios,
en ese que se deleita
entre lo dulce y amargo,
en ese que sabe mejor
sin azúcar,
en ese que me bebía
de tus labios,
en ese que me hacía
suspirar y temblar
con tan solo
sentir tu presencia.
Sí, te convertí en mi café,
en mis días de poesías,
en las tardes de relatos
y en las noches
llenas de orgasmos.
Te convertí en el motivo
para escribir
en el lienzo
para calcar mi sangre,
en la inspiración
de mis letras,
en la vida misma
que me hizo volver a la vida y sonreír.
Te convertí en tanto para mí
que hoy no lo ves,
quizás cuando leas
estas letras entiendas
el efecto mariposa
que hiciste en mí,
aunque ya no me veas
volar a tus pies.

Paola Maldondo

26. *"Efecto Mariposa"*
Eso haces tú en mí.
Una sola variación tuya
provoca todo un caos en mi existencia.

Y es que cuando te haces presente
haces que un tsunami
arrase con mi voluntad,
y me convierta en un animal hambriento
de lujuria, de carne
y de fluidos de tu piel.

Y cuando te haces ausente
el efecto mariposa
me deja en el desierto árido
en medio de tormentas de arenas
que resecan los labios,
esos en donde ya no nace el manantial
ahí, donde te bebías mi cóctel,
sorbiéndolo en medio de mis piernas.

Y hoy, hoy quería mi café matutino,
ése en donde ya no te pienso,
en donde no te anhelo,
en donde creo inconscientemente
que ya te olvidé.

125

Y apareces de la nada
en la arista de mi teléfono
con un estúpido mensajes
de muy buenos días,
provocando nuevamente
ese "Efecto Mariposa"

Transformando mi paz en guerra
y es que si te atrevieras a llamar
seguro te mandaría a la misma mierda.
Perdiendo la educación
que tanto me caracteriza al lado tuyo.
Comprendes ahora que tus
APARICIONES,
tus llegadas, tus ausencias
y tus regresos
hacen que el caos surja en mí.
Creo que sin ti
mis alas aletean en paz
y no sé sienten en altamar.

Paola Maldondo

27. El café,
las mañanas,
tu sonrisa,
tu coqueteo
y ese obstinado lenguaje tuyo
que denota
que soy tan tuya...
Hacen que se revuelquen
las mariposas en mi estómago.
Esas mismas
que intento ahogar
con café cargado
en las mañanas soleadas
o esas que inundo de sal
en las noches nubladas,
Siendo inútil
todos los esfuerzos que haga
para matar tu existencia
en mi cuerpo.

Y las malditas mariposas sobreviven
a todos mis fallidos intentos
de hacerte desaparecer,
a esos donde ya no te quiero mencionar,
a esos donde muerdo mis dedos
para no escribir más de ti,
a esos que detesto en mi inspiración,
porque así cambie
el curso del poema
al final...
siempre lleva tatuado
tu nombre.

Paola Maldondo

28. Te quiero cómo al café
de mis mañanas,
cómo ese que es tan adicto
y difícil de quitar.

Cómo ese obstinado
que, aunque sabes que te mata
lo sigues consumiendo día a día.

Eso eres tú para mí
en cada despertar,
en cada atardecer,
en cada anochecer.

Eres siempre
el primer pensamiento
a cada instante,
soñándote despierta,
esperándote a la misma hora,
ya parecía la dama de la canción
del muelle de San Blas.

Y me vi ahí,
agrietada por la esperanza
de volverte a ver,
por el anhelo
de volver a concebir tus besos,
por el escalofrío
que me hacían sentir tus caricias

Paola Maldondo

Y lloré, no lo niego,
lloré, lloré
y volví a llorar
hasta vaciar
este mar de sentimientos
que siento por ti

Necesitaba ver la realidad,
aunque ciega nunca fui,
pero la ilusión
nubló un poco la razón
y deseaba por voluntad propia
volver a mí.

Hoy tomo mi café,
sin adicción a ti.
(Cómo si una adicción
fuera tan fácil de dejar)

Paola Maldondo

29. ¡No lo puedo creer!,
Hoy tomo mi café
y suspiro con gran tranquilidad,

— Ya no te espero más.
Ya no, ya no espero
a que endulces mi café,
a que hagas magia
en mis nostalgias,
a que me dibujes la sonrisa
al verte cruzar esa puerta,
a que me mojes de fuego
al sentarte en esa,
que decías tú silla.

No, ¡No lo puedo creer!
Hoy mi café sabe a mí,
ya no huele a tu piel,
ya no tiene tu mirada
y menos el temblor de tu boca.

Hoy mi café me pertenece,
es mío, completamente mío
y mis dedos lo dibujan
como un tesoro perdido,
entrando en ese averno
lleno de placer,
sin ti en el pensamiento,
estos gemidos que exhalo
en esta mañana de café,

Paola Maldondo

¡No llevan tu nombre!

Las contracciones de mi vientre
no llevan tu recuerdo
y este orgasmo de café,
no lleva el cuncho de tus dedos.
Hoy el café,
lo disfruté cómo antes
de que tú existieras,
de mí para mí.
Hoy dejaste de ser la cafeína
que alimenta
la adición de mi locura.

131

Paola Maldondo

30. Noventa de treinta
es el número final de este cuento
Treinta poemas del despertar
Treinta poemas del pensamiento
Treinta poemas al caer la noche

Y este será el final de la saga
de tres de treinta para llegar a noventa,
siendo este el último escrito loco
que no quería salir a darle punto final.
Quizás porque anhelo descaradamente
puntos suspensivos,
quizás esta historia
todavía está llena de suspiros
y aunque dije que ya te habías
salido de mi corazón,
ese tonto sigue latiendo
en mi pecho por amor.

Aunque dije que ya había matado
todo aleteo de las mariposas
que tú instalaste en mi vientre,
siguen ahí escondidas
y muy vivas las desgraciadas.
Tú sigues provocando
"El efecto mariposa"
en mí.
Te vas y regresas,
y el caos es evidente.
Te vas para volver,
porque, aunque no lo digas

Paola Maldondo

algo sientes por mí
y no es solo sexo ¡No!,
la última vez que me viste
me abrazaste tantas veces,
que le hiciste el amor
a mi corazón en esos brazos
que entrelazaban mi cuerpo,
esos suspiros que emitías,
no era de una satisfacción,
¡No!,
eran de amor, de sentimientos,
de anhelos y de sueños
al dejar ver que por hoy
te vuelves a ir,
pero mañana regresarás,
porque la brújula de tu alma
está marcada
con el norte de mi corazón.

Paola Maldondo

17 PENSAMIENTOS

1. No, no quería escribir,
tenía miedo de leerme,
sí escasamente soportaba
esa sonrisa todo el día
y es qué no me la podía quitar,
él la pintó en mí,
siendo capaz de entrar
y desnudarme por completo el alma,
¡Qué es esto!,
¡Qué estoy diciendo!,
Si me quitó por completo
la armadura de mujer mala
y me dejó vestida de niña,
de inocencia, de risas, de sueños
y esperanzas,
¿Qué es esto?,
¿A mi edad?,
¡Estoy loca!
O quizá él esté más loco que yo
al atreverse a mirarme a los ojos
y descubrir el mar de mi alma,
al ser capaz de navegar sin ahogarse
al entrar en lo profundo
y salir ileso e iluminar
la oscuridad de mi vida.
No, no quiero seguir escribiendo,
me da miedo leerme,
me da miedo ver la realidad
y, sobre todo,
no poder quitarme
la sonrisa en mi rostro
cada vez que lo pienso
y siento sus caricias en mi piel.

134

*2. Hay momentos que se vuelven
recuerdos tatuados en tu corazón,
y los traes a tu mente para sacarte:
una sonrisa,
un suspiro,
incluso la humedad entre tus piernas.
Momentos que solo quedan para ti,
porque dan celos escribirlos
y que los lea alguien más,
esos son instantes que vives
y muerde en tus labios,
solo para ti.*

Paola Maldondo

3. *Él logró la sumisión de mi alma.*
Y lo mejor de todo fue
que lo hizo sin pedirlo,
sin pensarlo
o tan si quiera desearlo.
Simplemente lo amé
con esa ternura escondida
que nadie había sacado a la vista,
con esa entrega total,
llena de ternura y perversión,
con esa devoción que se ama a tu Señor.

Lo amé entregándole todo mi ser,
complaciendo sus deseos,
esos que no me había confesado,
pero que yo en sus ojos
ya había descifrado,
esos que su piel me reclamaba
en cada beso que yo le daba…

Fue tan maravilloso
verlo estremecer de la pasión
que yo le estaba dando,
que sus ojos gritaban
el desborde de emociones y sensaciones
que su alma callaba.

Fue una entrega total.

Él se entregó a mí y yo a él,
sin quedar pecado sin cometer,

sin quedar lujuria sin probar,
ni piel por saborear.
Solo sé que al terminar
yo quedé postrada en su regazo,
besándolo y acariciándolo,
mientras mi cabeza reposaba en su pierna
y mi miraba extasiada le hablaba:
"Te di el privilegio
que a nadie le he dado...
ser una sumisa y estar a tus pies"

Paola Maldondo

4. Él llegó cuando
yo estaba en plena oscuridad,
allá, en la penumbra
de mis pensamientos,
en la oscuridad de mi alma,
en el frío que carcome mis huesos,
en la desnudez de mi piel,
en la negación de mi sexo,
en la pasión ahogada
de una lujuria olvidada.
Él llegó a sacarme del inframundo,
devolviéndome la sonrisa,
y por supuesto... acarició mi piel,
haciendo que vuelva a la vida,
al placer de empaparme
por unas buenas caricias,
a sentir el gemido
desgarrando mi garganta
y qué mi llanto ya no fuese de tristeza,
si no del placer,
al sentirle penetrando mi vientre,
haciendo que me desbordara
como un río en sus dedos,
y él gustoso lamia mi miel
saboreando todo de mí...
Él llegó como un huracán
a despertar los sueños dormidos,
devolviéndome la sombra lasciva
que habita en mí
y que por instante se durmió
en la lejanía del desierto,
muerta de sed y de hambre de piel,
sin carne, ni sangre para saborear,
sin ese instinto animal que me posee

138

Paola Maldondo

en las noches de luna llena.
No sé cuánto tiempo se quede,
pero seguramente no me olvidará,
porque sé qué su piel ya me reclama,
y mi ansiedad lo llama para sentirlo otra vez,
esa ya grita desesperada
... A por más.

Paola Maldondo

5. Él vio en sus ojos
lo que nadie ha visto en ella,
escudriñó
la profundidad de su alma,
y desafió tiernamente
a la loba en celo,
esa qué estaba encadenada,
aquella hambrienta de sexo,
de piel, sudor y gemidos.

Siendo capaz
de romper los grilletes
para darle la libertad inmerecida,
haciendo que su voluntad,
lo busque a él como la presa
a quién iba a devorar.
Sabiendo que luego de desatarla
caería rendido a sus pies,
pues ella haría de él
su juguete de perversión.

Pasaron las horas
llegado la noche,
la encontró serena,
con su lencería completa,
no, no era casualidad,
ella ya lo había planeado,
simplemente puso las migas de pan
y él se las iba comiéndose una a una
hasta llegar a su averno,
hasta sentirse el dueño del fuego,

Paola Maldondo

sin darse cuenta de que solo obedecía
la complacencia de su loba,
ahí estaba, bebiendo su ser
tragándose sus fluidos
mientras ella aullaba delirante a la luna
por estallar en su boca
una y otra vez.
No, no era él,
era ella la que manipulaba el juego
de satisfacer los placeres
vánales y carnales.
· Era ella la que lo sometía
cuando lo tenía en su boca,
cuando bebía de su miel
y lo hacía estremecer.
Era ella la que lo ponía sin control,
a merced de su desafiante sed,
de esa que lo hizo gritar y exclamar:

¡Cómo lo besas de rico!,
¡Cómo me haces temblar!
¡Cómo me vuelves mierda!
con esa mirada lasciva
y satisfactoria de saber
que me tienes a tus pies.

6. *Él me pregunta qué si yo lo pienso*
y en ese momento solo suspiré,
mordiendo mis palabras,
saboreando su miel,
mojando mi ser...
(¿Qué sí lo pienso?
¡Demasiado!,
más de lo que yo desearía,
más de lo que mi alma grita,
más de lo que mi boca habla...

¿Qué si lo pienso?
No hay despertar
sin su recuerdo,
no hay tarde que no lo anhele
y noche que lo espere...

¿Qué si lo pienso?
No sería la pregunta,
sería por qué no dejo de pensarlo,
qué ha hecho él en mí
que me ha hipnotizado el pensamiento...)

Y después de terminar el suspiro
le contesté con un simple "sí",
que no le escribo en un chat,
si no en mis letras.
(donde él les dio vida a ellas)

Y en ese momento le devolví su pregunta:
—¿Me piensas?
A lo que él contesta:
—Porque te pienso, te escribo
y te escribo porque te pienso.

Paola Maldondo

7. Sabes que te has desnudado
ante alguien,
cuando has dejado ver
a tu alma moribunda
cantando en el rincón del olvido,
al escribir esos versos
que hablan de él
y solo de él,
en medio
de toda tu tempestad.

143

8. Amo mi libertad,
pero cuando él me atrapa...
El infierno sabe a gloria,
y grilletes se sienten
como un bálsamo en mis tobillos,
tanto, que no hago
el mínimo esfuerzo
de escapar de él.

Paola Maldondo

9. Un escritor
no es de nadie,
más qué de sus propias
fantasías,
esas que vive
al masturbar sus letras,
para eyacular poesía.
Pero tú
me haces tan tuya
sin darte cuenta,
que mis letras
ya tienen dueño...
Tú.

145

10. ¡Te pienso!
Te pienso más de lo que deseo,
más de lo que mi cuerpo admite,
más de lo que mi alma calla,
más de lo que se mojan mis entrañas.

¡Maldita sea!
Te sigo pensando,
te has vuelto en mí droga,
en esa adición que necesita mi boca,
esa adrenalina que me hace vivir,
esa dopamina que me hace sonreír.

¡Sí, eres un maldito!
Porque nadie había revolcado así,
todos mis sentidos,
todo iba bien, en calma,
parecía un mar acariciando la playa

¿Y ahora?
¡Maldita sea!
Parezco un torbellino en medio del océano,
formando huracanes en tu vientre.

Y es qué desearte
se ha vuelto mi perdición,
mi adicción,
mi desesperación
por tenerte una vez más ahí,
contra la pared,
viéndote temblar
mientras me bebo
toda tu

Paola Maldondo

11. Si tan solo él supiera
lo que yo siento,
lo que mi alma calla,
lo que mi corazón grita,
lo que hay en mis pensamientos,
quizás él me miraría en estos momentos.

Y es que mirarle a sus ojos,
es desafiar al mismo infierno
lleno de guerra y de paz,
de fuego y agua,
de luz y oscuridad.
Visitar sus ojos
es perderme en ese café oscuro,
despertando
a cada uno de mis demonios,
entrando en el oasis prohíbo,
para beber
del manantial de la vida y del amor.

Observarle a los ojos,
es desnudarme de miedos,
desvestirme de furia
y entregarme a su locura...

A esa que es igual o más que la mía,
a esa que me deja
cómo una sumisa a sus pies,
a esa que me condena al sí,
perdiendo la voluntad del no...

147

A esa que solo quiere...
sus besos
sus caricias,
su pasión,
su ternura,
su mirada excitada,
su grito,
su gemido,
su voz,
esa voz que me vuelve niña
ante un caballero errante en mi vida.

Paola Maldondo

12. Saber que he violado
sus pensamientos,
que me metí
cómo una ladrona en su razón,
que se pone erecto
con tan solo cerrar los ojos
y traer a la mente mis gemidos,
me hace sentir la mujer más perversa
con la que él se ha cruzado
en su camino,
porque ya soy inolvidable,
y eso que no me ha probado entera,
que no me ha vivido completa,
solo le ha dado instantes
que ya son eternos en su memoria.
Momentos que hacen
que su boca se muerda
y mi lengua se saboree
al desear ir a por más y más...
Momentos donde me he convertido
en la fantasía cumplida de sus sueños,
esos que tiene a la mano
y que estoy segura
que no los va a soltar así no más,
porque mi fuego es eterno
y le encanta arder
en las llamas de mi sexo.

Paola Maldondo

13. Lo mejor de amarlo a él,
es qué me ama en completa libertad.
Porque me quiere tan mía,
que no me arrebata de lo que soy.
Me quiere tan mía,
que eso es lo que lo enamora
cada día más.
Me quiere tan mía,
que le encanta verme
volar por los aires.
Me quiere tan mía,
que deja que sea mi perversión
la que lo envenene con mis besos.
Me quiere tan mía,
que soy su admiración
y esas palabras que me dice,
me da ráfagas de viento
para volar más lejos,
porque él ha creído en mí,
en lo que soy, en lo que pienso
y ese infierno caótico
que llevo en mi sangre,
a él le parece la más bella explosión
ante sus ojos, por esa razón;
puedo volar sin atajos, sin cadenas,
pero dejándole a él mi corazón,
asegurándole
que por más viento que haya,
a sus pies siempre,
siempre voy a volver,
porque me quiere tan mía,
que así...
Soy toda de él.

Paola Maldondo

14. Nunca me había sentido
tan plena en la avenida del amor,
hasta que llegó él
encontrando mi dirección,
esa que nadie entendía,
esa que nadie era capaz de leer
por ser tan compleja
entre calles y carreteras,
esa que se necesitaba
de una brújula especial para llegar.
Y él, él hizo magia
al ubicarme en mi punto cardinal,
admirando el caos de mi terreno,
descifrando
cada desorientación de mi mapa,
haciendo un cartograma
de los rincones escondidos de mi alma,
hallando la continuidad geográfica
de los linderos de mi cuerpo,
instalando
una nueva dirección a la locura,
sin límites, ni fronteras
que lo pudieran detener,
manteniéndome en completo estudio
para localizarme en cada movimiento
de la placa tectónica de mi aliento,
siendo él mi Arquitecto,
aquel maestro de mí maqueta,
aquel que me supo descifrar
y amar en toda la extensión
de mi inmensidad.

151

Paola Maldondo

15. Le mostré a Maléfica y dijo:
—¡Me encanta!
Le mostré mi erotismo y dijo:
— Me tienes en tus manos.
Le mostré mi completo caos,
sin ocultar nada de él,
sin tapar la podredumbre que hay en mí,
sin disfrutar el puta genio que tengo
y me dijo:
—Eres Única y te admiro.
Le mostré mi morbo,
ese que no cualquiera tiene de mí
y me dijo:
— Es una delicia tenerme así.
Le mostré mi completo infierno
y solo me dijo:
—Con gusto me quemo.
Y en ese momento fui de él
cómo no lo he sido de nadie,
llamándolo "Mi Señor".

Paola Maldondo

16. Cuando una persona
es capaz de despertar
el infierno en mi mente
y en mi piel...
Mis dedos por sí solos
tocan la gloria de mis entrañas,
hasta hacerme estremecer
por alcanzar una y otra vez,
esa línea imaginaria
entre el cielo y el infierno.

Paola Maldondo

17. Siempre pienso en ti
a la misma hora de siempre.
A esa hora donde rompíamos el silencio
y sonaban los mensajes.
A esa hora donde el infierno
ardía entre las piernas.
A esa hora donde la provocación
duraba todo el día hasta la hora
de verte cruzar esa puerta
y comernos a besos.
A esa hora donde la locura
nos hacía olvidar nuestra edad
para convertirnos
en un par de adolescentes.
A esa hora donde los gemidos
eran por teléfono,
aumentando las ganas
para gritar a la hora de vernos.
A esa hora donde mi vestido
se subía para complacerte y seducirte,
y así hacerte volar de tus reuniones
para venir a sumergirte entre mis piernas.
A esa hora donde nos hacíamos
tan tuya y tú tan mío...
A esa maldita hora donde ya no estás
y solo le escribo a mi soledad.
A esta misma hora
donde estoy leyendo este poema
que acabo de escribir
y que jamás llegará a tus manos,
pues el adiós se hizo inminente
y nuestro momento ya pasó.
A esta misma ahora
donde solo me quedan...
Mis letras y tu olvido.

Paola Maldondo

18. Estamos tan cerca
y tan lejos del corazón,
tan cerca del pensamiento
y tan lejos de la razón,
yo aquí extrañándote con locura
y tú allá arañando mis besos,
yo callando y suspirando
en medio de este silencio
y tú enmudecido a lo que realmente
te dicta el pensamiento,
los dos en línea,
mirándonos,
comiéndonos los dedos
por no enviar ese mensaje
que rompa el hielo,
que construimos entre los dos
para alejarnos,
cuando lo único que queremos
es estar unidos.
¡Maldita sea el orgullo!
¡Maldita sea!...

Esta sensación de querer
estar entre tus brazos
y maldita sea los minutos,
esta hora preciosa de medio día,
en el que todos los días hablábamos
hasta provocar el mar entre las piernas,
hasta desbordar el deseo mutuo de vernos.
¡Maldita sea el corazón!
que debo salvaguardar del amor.
Tú allá, y yo acá,
en línea, enmudecidos sin hablar.

155

Paola Maldondo

19. ¿Quién soy yo para hablar?

Si qué es una buena pregunta,
quién soy para decirte:
lo que pienso,
lo que me callo,
lo que me envenena
o más bien
lo que me saca
de la paz mental
en la que vivo.

Quién soy yo...
Para decirte qué está bien
o qué está mal.
Cuando eres:
un Maestro
un Doctor
un Máster
El mejor en lo que haces.
Y mi opinión...,
solo sería para sacar
lo que indudablemente
no soy capaz de callar.

Tengo ese pequeño
he irresistible defecto,
explotar en letras,
y me alegro de hacerlo
porque hiero menos,
acá me mido o lo pienso más
para rellenar cada renglón.
Acá se decora la información,
se maquilla el resultado,

Paola Maldondo

aunque al final,
me valga madres sonreír
al terminar de escribir.

Y es que tú,
con tu vida tan perfecta,
tan llena de ti,
tan entregado a esa pasión
que no te deja tiempo
libre para respirar
o vivir de manera distinta.
Sí, distinta,
porque, aunque amas lo que haces,
te hace falta sonreír más,
te hace falta sentir en la piel
caricias llenas de verdad...
caricias con ternura, con pasión
y no hablo solo de sexo
No llegué a tu vida por casualidad,
en ese no creo,
más bien creo en el porqué
y el camino lo dirá.

Yo no soy nada,
pero a la vez soy todo
Y este privilegio que tienes al tenerme,
ha sido porque la vida lo quiso así,
así qué, la cuestión es...
Vivir o ahogar
Seguir siendo paciente
mientras el tiempo
se va como agua en tus manos.
O buscar tu propio espacio
para vivir hoy más.

157

Porque el que tú llegues aquí,
no es mi tiempo,
es nuestro tiempo.
No es que llegas a regalarme
migajas de lo que te sobra
en el espacio de una agenda,
No, es el tiempo
que te regalas a ti mismo
para vivir.
Vienes a por vida,
llegas para sentir lo que no sentías.
Y no es qué me crea una diva,
es que hay personas especiales
que se estacionan en tu vida
Y es ahí donde se aprovechan,
porque son luz, y te iluminan,
porque son energía y te reaniman,
porque mereces tu otro tiempo personal,
fuera de tu medio laboral.
Lo mereces, pero es tú decisión
disfrutar lo tienes hoy,
quizás mañana no estará.

No es tiempo para mí,
es tiempo para ti
Y así como agendas
y respetas tus reuniones,
debes hacer lo mismo contigo mismo
y sacar el espacio
para disfrutar fuera de tu trabajo.

Paola Maldondo

20. Él es mi maldita adicción
mi adrenalina,
mi PROVOCACIÓN.
Y es que él llega nuevamente
y me vuelve su maldita sumisa,
esa que es capaz
de complacer su deleite,
sus excesos en el sexo,
su deseo a por más.
Parecemos enfermos
desenfrenados del sexo.
No sé qué tiene él,
no sé qué le provoco yo,
lo único que sé
es que somos unos perfectos depravados
de los deseos de los carnales,
al tener ese desenfreno
de dos locos adolescentes
de dos locos
s que no habían probado el sexo,
de dos locos
que se transige al más allá
de un simple placer.
Lo nuestro es inexplicable,
es salvaje, es gloria,
es quedar tan impregnados
el uno del otro,
unificando los deseos pecaminosos
para convertirlos en confeti
y explotar ante nuestros propios ojos
al devorarnos los sexos por completo,
sin tener límites al sentir
que soy tan de él, como él es mío.

159

Paola Maldondo

21. ¡PROVOCACIÓN!

Quién se inventó esa palabra,
no sabía lo que era comprobar
ese significado en una piel.
Y es que él es toda una provocación.
Lo veo y mis ojos
se iluminan como un sol,
mi boca se muerde hasta saborear
las gotas de sangre
que me reviento en mi labio,
mi piel empieza a transpirar
ese sudor con olor a sexo, pasión y lujuria,
mi entre pierna entra
en un verano árido,
pidiendo a gritos que le den de beber,
mis manos empiezan a temblar
por tener su sexo entre mis dedos,
y mi saliva chorrea de mi boca
por saborearle todo su ser.
¡¿PROVOCACIÓN?!
¡Siiii!, Él es toda una provocación
que me hace perder la razón,
los estribos, los sentidos,
haciéndome tragar todos los no,
para convertirlos en un...,
¡Sí Señor!
Todo lo que pida, lo haré por usted.

Paola Maldondo

22. Mis ojos.
Esos malditos ojos
no saben mentir,
y menos ser firmes ante él.
Y es que él llega
y mis ojos me delatan,
me dejan expuesta,
desnuda y sin protección.
Él llega y sale al instante
esa mujer lasciva
que se muerde y saborea
por hacerlo enloquecer.
Él dice: ¡Somos!
Yo digo: ¡Infierno!
Y es qué no son solo mis ojos,
los de él juegan con los míos.
Simplemente somos el iris
de la composición perfecta
del infierno de Dante
y de la abominación del amor.

Paola Maldondo

23. ¿Qué somos?
Un par de adictos
incontrolables por la sed
de sexo y lujuria,
por sentir el olor y el placer del otro.
Somos eso que no queremos admitir,
pero que al final
nos volvemos a buscar
como fieras asesinas
que se matan en el mirar.

¿Qué somos maldita sea?
La locura más lasciva
que hemos vivimos en la vida.
La locura más racional
al saber que la provocación
no va a parar hasta vernos derramar.

Simplemente somos
ese bello pecado
que cometemos
a conciencia una y otra vez
pagando la penitencia.

¿Y es qué quién no se arrodilla
ante su plagaría
para besarla?

Si él sabe que es mi medicina,
mi droga adictiva, mi dopamina,
mi respiro de la realidad,
mi fantasía plena,
mi completo dueño
al momento que llega
y me deja a sus pies,
para llamarlo... ¡MI SEÑOR!

Paola Maldondo

24. Me encanta
el poder que él me da.
Ese que me deja hacer de él
un manojo de antojos,
uno donde le hago
temblar el alma
ante mis caricias,
uno donde me deja dominar
todos sus instintos
en una sola mirada,
uno donde me deja
ser la dueña absoluta
de su perversión,
aquella que le pido en susurros
que mencione en voz alta:
¿Quién lo pone así de lascivo?,
¿Quién se la pone tan dura,
venosa, y apetitosa,
lista para ser devorada
por este paladar insaciable
de sus fluidos?...
¿Quién?
Y en medio de sus jadeos responde:
—Tú y sólo tú, me pones así.
Y para decir verdad,
me encanta dominar,
pero esa sumisión
que él me da,
en medio de su entrega total...
Me somete a mí,
en plena voluntad.

Paola Maldonado

25. Hoy tenía que verte,
debía entregarte un pedido
y en el fondo de mi corazón
sabía que esto ya iba a parar,
que ese fuego que me consumía
haciéndome perder los estribos,
se extinguiría por fin.

Te vi y algo en el estómago
me estaba avisando
que esto sería el final.
¡Y así fue!,
fui capaz de controlarme
y eso no lo esperaba,
hasta yo misma me sorprendí.

Y no es que necesite tu permiso
para meter la mano
dentro del pantalón,
es que sencillamente
no se me antojó.

Solo te miré, te observé
te escuché hablar de tus cosas
y respondí con un poco de las mías,
bromas iban y venían
pero ese fuego
que antes me consumía
había desaparecido.

¿Qué pasó?
Quizás tu frialdad
y tu falta de atención

164

Paola Maldondo

hicieron que se enfriara
mi corazón;
esos buenos días,
buenas noches
y chocolates
que alimentaban mi espíritu de hambre
al querer sentirme amada
ya no estaban.

Simplemente te vi
como un cliente más,
aunque sí él lo hubiese pedido
yo hubiera accedido.
Pero lo confieso,
lo hubiera hecho por simple instinto
de matar las ganas
y saciar el hambre de sexo.
Más no por ese no sé qué
que me hacía entrar en desespero,
provocando mil revoloteos
de mariposas instaladas en mi vientre.

Hoy murieron,
o están en plena agonía,
porque solo sentí un par de ellas
y fue de emoción
al haber sido valiente
y no caer en tentación.
Tú ya no está en mi corazón.

26. Te inmortalizarte
en mis letras,
ese ha sido
el mayor regalo que me di,
para recordar
cómo me despertaste
nuevamente a la vida.

27. Él me convierte en la mujer
más tierna y perversa,
en esa que se moja
con tan solo escuchar su voz
y cuando está enfrente de mí,
un mar de fluidos me baña,
pidiendo a gritos ser bebido
por esa boca llena de lujuria,
esa misma que sabe
masturbar mi mente,
mi razón, mi corazón
y mi entrepierna la deja indefensa,
temblando, jadeando al robarme
los orgasmos que a él se le antojen.
Así es mi Perverso,
asesino de placeres,
ladrón lascivo de mis cavidades,
caballero que deja bien a gusto
su dama,
para luego marcharse
sin dejar rastro
de cuando volverá
a empaparme
con su oleaje Malévolo
y tierno,
con ese mismo que revuelca mi ser,
ese mismo que viste
mis orillas de pasión,
siendo imposible de decirle...
No.

Paola Maldondo

28. Cometí un error.
Regresé a por él.
Le mostré
mi hambre de sexo,
de su sexo,
de sus besos
y pensé:
—¿Y si me arriesgo?
Cómo si ya yo...
no supiera que soy la de paso,
la puta que no le cobra
y le satisface sus ganas,
esa que abre la boca
para siempre decir
¡Sí!
¡Qué estúpida me sentí!
Ahí estaba yo preguntado...
—¿Harías algo por mí?
Y él respondió
con una carcajada.

¿Yo pidiendo algo para mí?
Cuando mi sueño
era amarle otra vez.
Error y más error.
Lo sé, una adición
no se deja así no más.
Pero más tarde que temprano,
me descontaminaré
por completo de él.

Paola Maldondo

29. La adicción.
Esa maldita adicción a él
no me deja tener voluntad,
renunciando a la vida
igual que una drogadicta
que no puede dejar su dosis diaria,
siendo consciente
de morir cada día un poco más.
¡Sí maldita sea!
Muero desesperadamente
al entregarle mi placer,
al permitir que haga de mí
lo que se le antoja.
¿Y dónde quedó mi amor propio?
Tirado en la cesta de basura,
arrojado en la cisterna del cuarto,
despedazado en el foso de los demonios,
ahí donde fue devorada mi razón,
dejando palpitar solo el corazón
para que siga de necio,
clavándose donde no lo aman,
donde lo tratan como rata,
como una que solo cumple
el servicio especial y morboso
de satisfacer al mismo Lucifer,
aquel que solo huele
a azufre disfrazado de miel,
aquel que mata
en una mirada inocente e inexistente,
aquel que no tiene corazón
y mucho menos amor.

169

Paola Maldondo

30. ¡Increíble!
Estoy bailando de emoción
¡Sí!, de emoción
porque al verle de nuevo no pasó nada.

Me he liberado de su hechizo,
de su olor y de esa manera
en que me dominaba.

¡Me liberé!
Y no sabes lo bien que me siento,
creo que llegó el momento
de dejar mis letras,
de terminar esta inspiración
y ponerle fin
a una historia que nunca tuvo
un principio y si un final.

Solo fue un robo
en el espacio del tiempo,
solo orgasmos repartidos
acompañados de gritos
y gemidos desesperados
porque alguien los supiera sacar.

O más bien, solo quería
que alguien los disfrutara
tanto como yo lo disfruto
en mi intimidad.

Así es, eso fue
Un obsequio que le decidí dar,
uno muy valioso, demasiado,

tanto, que muy pocos
conocen la realidad de mi Sombra,
esa que es intensamente desaforada
en la pasión y en la lujuria,
esa que no tiene tabúes
para dominar y dejarse dominar,
esa mujer secreta del corazón,
lasciva de piel y de pensamientos,
pecaminosa a morir
en los actos de amor.

Lo di todo,
pero no vio más que un simple fuego
que lo quemaba en sus tiempos libres.
No vio lo que realmente le quise mostrar.

Y cuando lo entendí,
todo cambió y desapareció
la magia que me tenía cegada a él.

¡Me liberé!
Del poder del pecado,
volviendo a mí y solo a mí.

Quizás algún día llegue alguien
que sepa valorar
que es tener en sus manos
a una mujer de verdad.

171

18   AL CAER LA LUNA

1.   Pensar en él,
es elevar el suspiro al cielo
y al mismo tiempo
atragantarme en mi silencio
por no querer admitir,
que hay un sentimiento
latiendo en mi pecho por él.
Qué, aunque la mariposa
se posa distante en mi pie,
revoletea descaradamente
y sin cesar en mi corazón.
Pensar en él,
me lleva a un sin fin de preguntas
donde las respuestas ya las sé,
pero mi terquedad y vanidad
no alcanzan a ver la verdad.
Y es que tan solo
una llamada de él...
me deja desahuciada de mí,
huérfana de mi maldad,
desvistiéndome en segundos
de esa armadura de acero impenetrable,
de esa que me defiende del amor,
de esa que mantiene mis pies
sobre el suelo,
sin dejarme volar sin paracaídas,
para no volver a morir por amor.
Pero con él,
nada de lo que hago es válido,

Paola Maldonado

todo mi esfuerzo es en vano,
toda mi voluntad es doblegada,
todo de mí le pertenece
en el momento que llega
como un vil ladrón y me reclama.
Sí, me reclama
en alma, mente y cuerpo
y yo, yo no me resisto
porque en el fondo de mi corazón,
siempre desee que llegara
alguien digno a quién yo le dijera
... "Mi Señor".

Paola Maldondo

2.   Hoy dormiré
con el olor de él
en mi cuerpo.

Cada poro de mi piel
transpira a él y solo a él.
Mi sexo húmedo
tiene el sabor
de su aliento,
mi espalda está impregnada
de los fluidos de su cuerpo,
mi cuello tiene la marca
de sus dulces y tiernas manos,
mientras me hacía tan suya
en cuerpo y alma.

Mis brazos tienen el aroma
de su piel sudada,
mi pecho tiene la mordida deseada,
mi pelo está lleno
del perfume de sus manos,
y mi boca sabe toda a él.
Solo necesito cerrar los ojos
y recrear nuevamente
lo que acabo de vivir bajo sus manos...

Paola Maldondo

Solo necesito olerme para soñar despierta,
solo necesito recuperar mi fuerza
para desearle mañana
con más vehemencia.

Pues él es mi dueño,
mi amado,
Mi gran Señor,
a quién mis ojos reconocieron
cómo la perversión
que sería capaz de doblegar
a cada uno de mis demonios,
a cada uno de mis infiernos,
a cada voluntad de un no,
porque hoy más que nunca
me siento tan plena,
tan satisfecha,
soy tan mía,
y a la vez tan llena de él.

Paola Maldondo

3.   Llego la noche
y con ella mis desees vehementes,
esos que arden
en medio de mis piernas,
esos que me empapan
como un naciente de manantial,
esos que tienen nombre propio...
¡ÉL!
Pero él ya no está,
se fue sin dejar rastro,
así como llego un día
desapareció al siguiente,
perdiendo la pista de su anatomía
de esa bendita locura
que me hacía tan suya,
de esa manía
de desafiarle el pensamiento
al llevarlo a los bordes de la lujuria,
tirándose al desfiladero
de mi pasión,
de su pasión,
de su propio infierno
al quemar mi cuerpo...

¡Maldita sea!
Cómo le deseo en esta noche de luna,
en esta noche de penumbra
en donde mis dedos
proclaman su presencia
dentro de mi averno,
donde mi aliento grita su nombre,
en cada orgasmo que riego
en estas sábanas frías
de invierno.

Paola Maldondo

4. Estaba leyendo mis locuras,
todas las que te he escrito
e inevitablemente mi sonrisa
apareció.
Ya no estás,
pero mi alma todavía te sueña.
Van 10 días
de la mejor despedida
y digo la mejor
porque en mi corazón
así la sentí.
Nunca me habías hecho el amor
de esa manera,
una loca y desesperada
forma por complacerme,
pero eso no fue
lo que me indicó este final,
fue ese abrazo
que nunca me había dado
y ese beso al final,
cuando te marchaste
recordando el cómo nos conocimos,
en el momento exacto
donde la vida
jugo las cartas
y tiró los dados a ganar
al dejarme expuesta ante ti,
ante eso ojos que me hechizaron
aquel 28 de diciembre
y aunque parezca increíble,
que bien que la vida
me hizo los inocentes.

Paola Maldondo

5.   Yo sabía que más que pronto
tendría su final
y lo acepté tal y como llegaste
de improvisto,
de sorpresa,
de una sonrisa robada
y unos cuantos orgasmos desesperados
y compartidos con plena voluntad
de amarte,
aunque fuera un instante.
La vida te trajo a mí
y la misma vida te llevo lejos de mí
y lo mejor todo ...
Es que no me arrepiento de nada,
y si volvieras, te volvería a vivir.

Paola Maldondo

6. *Él volvió, regresó a mí*
en una tarde de domingo
en una donde ya lo había olvidado
o más bien mis besos
ya no lo extrañaban,
ya mi cuerpo no necesitaba
de sus caricias,
de que me hiciera sentir
MUJER entre sus dedos,
aquellos que escarban
en las profundidades
de mi vientre,
esos mismos que han aprendido
a conocer cada rincón
de mis paredes vaginales,
esos que me convierten
en una fiera en celo,
en una mujer
llena de lujuria y deseos,
esa misma

que vive el infierno
al mirarlo a los ojos
y sentirme tan de él,
tan suya
y a la misma vez tan mía,
porque puedo ser yo misma,
esa que pocos conocen
y se desnuda
por completo ante él
al mostrar la plenitud
de un orgasmo
bien vivido.

Paola Maldondo

7.   Nunca había sentido
tanta plenitud
en las manos de un hombre.
Jamás me había sentido
tan completa
al ser yo misma,
al entregarme
y desnudar mis pensamientos.
Él es cómo un maestro
que explora cada uno
de los rincones de mi cuerpo.
Tanto es el esplendor
que me hace
sentir tan mía
y al mismo tiempo tan de él,
siendo un préstamo
temporal del destino,
en donde nos vivimos
uno a uno los segundos
que nos regala la vida,
porque entre él y yo
valoramos:
cada sensación de la piel,
cada caricia,
cada beso,
cada ternura,
en medio
de la más loca perversión
que pueda existir
entre los dos.

8. *Un orgasmo*
no es una simple llegada.
Un orgasmo
es la octava maravilla
del mundo.
Un orgasmo
es tocar
la sinfonía de Beethoven,
mientras el diablo se retuerce
con los gritos y gemidos
que desgarran las gargantas
y Miguel Ángel
aplaude entre los ángeles,
al ver la verdadera esencia
de hacer el amor
entre la pasión y la lujuria,
entre el amor y la ternura,
entre hacernos
sentir la propia muerte,
para volver a vivir
con el último suspiro
que exhale
al míranos a los ojos,
y dejar al descubierto
la plenitud
de la sexualidad vivida,
confesando
entre risas y picardías
quedar completamente
extasiados
al haber dejado
expuesta la piel,
y desnudo el corazón.

181

Paola Maldondo

9.   Esta provocación
es cómplice entre tú y yo,
en esas noches de luna llena
donde te busco y me encuentras,
en esas noches ajenas a la vida
en donde no se piensa,
no se razona,
solo se siente la noche
como la dueña
de los instintos animales,
de la pasión y la lujuria
que nos suscita
como un par de locos,
en el secreto de la oscuridad
para devorarnos
sin contemplación alguna,
para luego...,
encontrarnos en el camino
con un saludo formal:

¿Cómo está usted Señor?

Él sabe lo que necesito,
él sabe que las locuras
me sacarán una sonrisa
en medio de mi llanto.
Ya es la segunda vez
que llega a mi rescate,
que llega como mi salvador,
levantándome del suelo
sin ganas de vida,
entrelazándome fuertemente
entre sus brazos,
apretándome contra su pecho
dándome su inmenso calor,
dibujándome inmediatamente
la sonrisa en mi piel.

Paola Maldonado

Él es mi loco,
mi gran adicción,
Mi Señor.

Aquel que llegó a mi vida
cuando menos lo esperaba,
pero cuando más mi alma
lo necesitaba.

Simplemente somos piezas
que en un abrazo encajaron
como la ficha faltante de un puzle.
A él poco le gustan los abrazos,
pero yo los amo con el alma
y aunque se sienta un poco intimidado,
él me abraza por unos segundos
con una ternura
que emana de su ser,
de sus ojos,
de sus labios,
de sus manos,
convirtiendo esos segundos
en eternos recuerdos
que le dan vida a mi cuerpo,
aliento a mi alma perdida
y esperanzas
a un corazón destrozado
por la vida misma.

Ojalá él supiera,
que esos instantes
que me obsequia
al regalarme un abrazo
y un beso en mis labios...
son vida a mi alma moribunda.

183

Paola Maldondo

10.   Ven y hazme el amor.
No preguntes nada,
solo ámame cómo tú lo sabes hacer.
No mires mis ojos hinchados,
mi nariz roja
y mi boca seca de llorar.
¡No!, solo mira mi alma moribunda
que hoy muere por la vida,
hoy agoniza sin esperanza,
hoy se quiere despedir de la existencia,
hoy se retuerce entre las tinieblas,
hoy se escapa en mi aliento.

Ven, no preguntes más por favor,
y solo ámame cómo tú lo sabes hacer.
Ven y acaricia mi vientre,
besa mis pechos erectos,
hazme estremecer
entre tus dedos.

Paola Maldondo

11. Devuélveme la vida
en la octava maravilla,
en esa que me pintas de colores
al hacerme gemir y gritar
en cada orgasmo que me das.

Ven que mi alma
busca a Mi Señor
y ese eres tú,
con alas de ángel
vestido de perversión.
Ese eres tú,
quien baila en mis infiernos
sin temor a quemarte.
Ese eres tú,
quién me da un aliento de vida
cuando mi suspiro se termina.

Paola Maldondo

12. Le hice el amor a la soledad.
En honor a tu ausencia,
le hice el amor a mi soledad,
dibujando jardines
llenos de primavera,
con golondrinas dichosas
de cantar tu nombre,
mientras mis dedos escarbaban
la húmeda cueva de tu existencia.

Le hice el amor a mi soledad
al abrir la orquídea de la esperanza
bañada en el naciente manantial,
al mantenerte como un desierto árido
en mis pensamientos,
siendo tú mismo el oasis del placer
que sirve mi cóctel
en orgasmos efervescentes
de dicha y placer…

Le hice el amor a mi soledad
en honor de tus caricias,
esas que me vuelven
una sumisa a tus pies.
Y hoy en esta madrugada
llena de melancólica,
solo quiere besar los dedos
de quién me ha hecho sentir
que mi lujuria es bella
y que mi canto de sirena
es un deleite por vivir.

Paola Maldondo

13. Él es el suspiro robado
en medio de mí tempestad.

Él es el regalo no esperado
y la sorpresa más bella
que la vida me ha podido dar.

Él es capaz de cambiar
mis ojos llenos de llanto,
por ojitos llenos de brillo y perversión.

Él es capaz de hacerme estremecer
con tan solo un mensaje
y cuando está enfrente
me hace temblar de pasión.

Él está todo el tiempo:
en mis pensamientos
en mis letras,
en mis deseos,
en mis anhelos…
Él es tan impredecible,
que me sorprende cada día
con un detalle de sus manos.

Él es perfecto
en medio de su imperfección
y no le cambiaría nada,
tan solo que me amara.

Quizás él sea
un cuento de mi imaginación,
quizás él sea real,
quizás y solo quizás.

187

Paola Maldondo

14. Sabes, no ha sido una semana fácil
y tú te has desaparecido nuevamente.
Llegas y luego te vas sin dejar rastro,
sin unas buenas noches
o quizás un buen día,
no es necesario tanto sexo
pero si el interés personal
y ese sé que no lo hay,
pero en ocasiones vagabundas
de mi pensamiento
lo deseo, lo anhelo,
un interés más allá
de una simple follada,
de una masturbación
que deje las piernas temblando,
de un simple orgasmo en la piel
mientras el corazón
sigue virgen de amor.

Paola Maldondo

15. No he querido hablar
de ti en mis letras,
las he ocultado de lo que siento,
de lo que me quema en el pecho,
de lo que me hace hervir la sangre
por recordarte,
de ese estado de frenesí
al sentir como duele tu ausencia
y es qué entre más te alejas,
yo más te olvido.

Pronto no recordaré
tus caricias en mi piel,
esas que me hicieron tan tuya,
tan mía, tan viva,
tan perversa en tus manos.

Ya no recordaré el olor de tu piel,
el sabor de tu sexo,
tus palabras llenas de lujuria
al entregarte a mis caprichos y deseos.

Ya no recordaré
esa mirada tierna y malvada,
mientras yo estaba hincada a tus pies,
esa mirada que gritaba a por más
de lo que yo te sabía dar.

189

Paola Maldondo

Ya no recordaré esa urgencia
de violentarnos a besos y caricias,
encontrando el punto perfecto
de la perdición en las manos del otro.

Simplemente éramos un unísono
de pasiones desenfrenadas,
la envidia de la danza
de los demonios del infierno
y de los ángeles del cielo,
éramos el conjunto perfecto de gemidos
y orgasmos regados por doquier.

Éramos lo que siempre anhelábamos
y que un día sin querer encontramos
en ese cruce de miradas,
que nos hizo amarnos sin cansancio.

Y hoy, hoy mis dedos te dibujan
en mis letras para olvidarte.

16. Unas lágrimas ruedan
por mis mejillas,
un suspiro entrecortado
emana de mi pecho
partiendo los pensamientos
de la realidad y de la fantasía,
entre la decisión correcta
y la incorrecta,
entre no verte más

y tenerte por migajas,
entre ser la mujer que quita tus ganas
o la mujer que realmente se ama,
entre seguir en paz con mi vida
o quemarme en el mismo infierno
cada vez te veo.
Complacerme en mi soledad
y la ausencia de ti
o disfrutar de la perversidad
que me brindas
al permitirme ser el yo lascivo
que habita escondido en mí.
Conflictos que chocan y me desesperan
galaxias que explotan en un hoyo negro
y estrellas que se vuelven polvo
al sentirme
y ver con los ojos de la realidad,
que tú solo eres un cometa fugaz
que pasó por mi vista,
marcándome de fantasías
al querer ocultar la realidad de mis ojos...
Tú no existes.

191

Paola Maldondo

17. Está lloviendo fuerte
a truenos y vendavales,
parece que el cielo
se desesperó por culpa del amor
y hace su gran espectáculo
atravesando al sol.
Caen grandes gotas
que quieren reventar el cemento,
brisas que quieren arrancar
las palmas del suelo,
y mi corazón, ese truena en mi pecho
por la ausencia de tu presencia.
No sé si llueve más duro
afuera o adentro,
pero mi averno era un aguacero
cuando tú estabas adentro
y hoy esta árido como el mismo desierto.

18. Hoy me entró la melancolía
esa que llega cada mes sin fallar,
esa que me hace extrañarte
sin ser verdad.

Esa maldita melancolía
que hace rodar perlas amargas sobre mi piel,
desatando olas arrasadoras
en todo mi ser.

Esa melancolía
que convierte en un tsunami a mí corazón...,
pensando si me volverás a escribir
o está vez si será un adiós.

Esa maldita melancolía
que me hace pensarte más de la cuenta,
que me hace añorarte
deseando estar como una niña dentro de tus
brazos.

Esa maldita melancolía
que me hace perder el norte,
la noción y la dirección de mis sentimientos
creyendo que algo siento aquí en mi pecho por ti.

Quisiera entender
el por qué se va,
porque el por qué vuelve
lo tengo claro.

Y es que yo también quisiera
que no volviera,
dejarlo de ver, de tocar
y de saborear su olor.

Pero en el momento que llega,

193

me hace tragar sin agua
mis malditas palabras,
esas que dicen: ¡No más!

E insoportablemente
me convierto en ¡Su puta!
Ojalá entendiera
que solo soy de él y para él

Y quiero huir de este sentimiento;
si es qué hay algo en mi pecho,
si es qué todavía tengo alma,
pero inconcebiblemente
vive cuando lo ve.

¿Corazón?,
¡Ya no tengo!,
¿Sentimientos?,
¡Mandados a recoger!

Pero él me hace girar mi mundo
y ponerlo de cabeza
para estar solo
a sus pies.
Si él supiera el poder que tiene
sobre mí... Sería mi fin.
O quizás ya lo sabe
y por eso vuelve una y otra vez.

Vuelve...
a complacerse
en mi muerte
y yo en la de él.

19. ¡No te quiero ver jamás!
Pero me siento tan viva

194

cuando llegas por mi pasión.
Algún día te diré:
¡No más!

Algún día mis ojos
ya no brillarán por tu presencia.
Algún día no lejano
seré capaz de controlar
mis impulsos asesinos
de hacerte temblar.

Algún día ya mis manos
no buscarán tu miembro,
ya mi boca no se saboreará,
ni se morderá,
quedando en evidencia
al dejar ver el pequeño chorro
que escurre por mi rostro,
cuando mi entrepierna
ya la tengo toda empapada.

Algún día no se despertarán
la legión de demonios que llevo dentro,
esa que te rinde pleitesía
y se postran domados
a tus pies.

Algún día te veré

195

Y solo sonreiré al recordar
la manera tan loca que me hacías sentir,
Y ese día simplemente te diré:
"Pasó tu hora, ya no lates en mi corazón".
Algún día será ese tan esperado día...
Pero hoy no.
Hoy te vuelvo a follar
como loba en celo,
como Mujer desesperada
por probar su antojo,
Como esa que se enternece
al ver en lo que te conviertes...
Un hombre sin armas,
sin escudo, ni espada,
simplemente un hombre indefenso
ante mis besos,
ante mis caricias,
ante mis ojos...
Ese que se derrite de pasión
por sentir mi desbordado amor.

¡Sí!, hoy me fallé nuevamente
y te follé locamente.

Paola Maldondo

20. Eres esa enfermedad
imposible de curar.
Esa herida
que no cicatriza jamás.
Esa dieta que jamás
vas a cumplir.
Ese postre
que no vas a resistir.
Ese infierno donde siempre
te vas a quemar.
Esa droga irresistible
a tu paladar.
Esa maldad hecha carne
del pecado concebido.
Eres la ruptura
de todas mis cadenas lascivas.
La bendita llave
del candado de mi alma.
Eres Mi Señor,
el que me es imposible
desafiarle con No

Paola Maldondo

21. No hay pecado en mis ojos,
y menos en mis actos,
solo hay un profundo gozo
por hacerte temblar
en la mordida serpentina de mis labios,
en el beso de mi boca a tu sexo,
y en las caricias donde te enloquezco.
No, no hay pecado,
solo placer compartido
con ternura y un amor silenciado
sin ser declarado.
Solo somos instantes
que la vida me ha regalado,
cada vez que atraviesas esa puerta
y yo, yo me convierto
en la Eva perfecta de tus fantasías.

Paola Maldondo

22. Hoy es el día del beso
y no esperaba que llegara el mío,
y menos de él, pero él siempre llega
en mis peores momentos
y los transforma,
siempre llega a cambiarme
las lágrimas del dolor,
por unas del placer.
Él me cambia el semblante
con tan sola una mirada,
es cómo si supiera
que él es la medicina
para todos mis males,
el bálsamo para mis heridas,
el abrazo cálido para mi gélido corazón
y el beso, el beso de vida,
el beso del suspiro,
el beso con sabor a todo él
y en el día de hoy,
ése fue el regalo más bonito
que me haya dado.

Paola Maldondo

23. *Él y sólo él,*
ha tenido tanto poder sobre mí,
que me es imposible resistirme a un no,
¡No puedo!
Me ha vuelto adicta a sus caricias,
a su ternura, a su perversión,
a esa voz y esos besos
que me da en los labios,
haciéndome desmayar del placer,
provocando no sólo uno,
si no dos, tres, cuatro
y más orgasmos de mi piel.
Él y sólo él es mi Perverso,
aquel a quien me le he arrodillado
para besar su gloria
y poner mi cabeza sobre sus piernas,
aquel a quien complazco

en todo lo que me pide,
es más, no necesita decirme que hacer,
porque con tan solo una mirada
le descifro su voluntad
volviéndolo loco y adicto a mí.
Siempre quedamos tan satisfechos,
con ojos de lujuria consentida y perdida,
despidiéndonos con un beso
sabor a nuestros sexos,
sabor a victoria,
sabor a gracia,
sabor al éxito,
sabor a amor.

24. *Encuéntrame.*
Encuéntrame

en el paraíso perdido
de tus pensamientos,
en aquel jardín,
donde me vistes de flor
y me desvistes en pétalos.
Encuéntrame en esa caricia
que roza mi espalda
con los colores del atardecer,
para voltearme en el amanecer
de tu sexo.
Encuéntrame en tu infierno,
ahí estoy con mi pelo trenzado,
esperando sus órdenes
y yo, yo complazco a
Mi Señor.

Encuéntrame
en el rincón de tu consciencia,
en esa negra y perversa,
en esa que emana ternura,
en esa que tatúa
ilusiones en mi ser
y ¡Víveme!,
que estoy lista
para estar a tus pies.

Paola Maldondo

25. En las noches de soledad,
tú llegas a mis pensamientos
como la brisa suave y ligera
que acaricia mi pelo.
Llegas irrumpiendo
mi tranquilidad.
Llegas alborotando
todos mis sentidos,
entrando lentamente
hasta tuétano de mis huesos,
haciéndome estremecer
al sacar suspiros
que recorren mi vientre,
mojando mis piernas
sedientas de ti.

Paola Maldondo

26. Pensar en ti,
es traspasar los límites
del pudor,
haciendo que mis dedos
entren en mi averno,
soltando suspiros
llenos de gemidos
y en ellos...
tu nombre
en cada orgasmo.

Paola Maldondo

27. Llego la noche
y con ellas miles de pensamientos
entre esos tú y yo.
Tú no me necesitas,
ni yo te necesito,
simplemente fuimos ese vicio
que se prueba y se disfruta,
ese que te hace volar
al mismo infierno al consumirlo.
Y eso éramos,
dos locos derrochadores
de placeres contaminantes,
que despertaban
toda la lascivia dormida
para asesinar a gusto
cada placer nacido entre las piernas.
Solo somos dos personas
con rostro de santo,
pero con alma de demonio,
que se reconocieron

un día cualquiera
en una mirada que dejó expuesta
la verdadera naturaleza
agresiva y sexual
que llevamos dentro.
Simplemente nos desnudamos
ante el fuego
de las pasiones ocultas del corazón.
Dos personas
que solo se atrajeron
como imanes
por el sexo
y no amor.

Paola Maldondo

28. *La luna nunca miente,*
las estrellas tampoco
y el corazón, bueno,
ese de vez en cuando sí lo hace.
Pero en ocasiones
al caer la noche se apiada de tu alma
y deja expuesta
la verdad en plena oscuridad,
volviéndose un faro para tu naufragio,
luz en tu camino espinoso,
bálsamo para las heridas,
ungüento para las quemaduras
y consuelo para el tonto
que creyó nuevamente en el amor.
Y duele, duele ver la luz de la verdad,
es como si un ciego volviera a ver,
al principio no distingue colores,
solo blancos y negros,
y luego de doler un poco
la retina del alma,

¡Ve!, sí,
ve el arcoíris lleno de veracidad,
sin dejar nada oculto en tu mirar.
Y suspiras agradeciendo
que ya el corazón
no te va a engañar más,
porque por fin ha visto el amanecer
y deja que la noche
transcurra en su paz
en medio del llanto
que desahoga
y del dolor que cura,
aceptando
que no debes amar
a un corazón de metal.

Paola Maldondo

29. No es fácil dejar atrás todo
y sobre todo en las noches frías
como esta.
No, no es fácil ver la cruda verdad
y sobre todo reconocerla.
No lo niego,
he llorado y he mojado
mis sábanas por ti,
he sollozado y gemido en la oscuridad,
me he limpiado el rostro
y me he secado la entrepierna
de tanto amarte en mi soledad.
He vivido un conjunto
de sensaciones encontradas
entre el dolor y la aceptación,
entre la frustración
y los orgasmos regados,
que mi corazón ha quedado exprimido
y mis piernas secas
al despedirme toda una noche entera
de mi adicción a ti.

Paola Maldondo

30. Dormí plácidamente.
Dormí como no lo había hecho
en meses,
como una mujer que aceptó la realidad,
pero más que aceptarla
fue instalarla en mi corazón
y dar el adiós.
Y eso ya es una gran diferencia,
porque ya no espero
su mensaje de buenas noches,
o esas locuras de un sextear
atrevidamente.
Ya no,
solo deje el móvil a un lado,
cerré mis ojos
y dormí plácidamente
al saber y tener en claro
que ya no vendrías más.

19 "El amor después de los 40"

Él es un caminante de la vida,
no tiene estación en su corazón,
no ve a una mujer
como su casa u hogar,
solo va por la vida viviendo
y lo admiro por ello.
Es un guerrero de lucha incansable,
un amante de su profesión,
y al mencionar su trabajo,
creo que esa es su única estación.

Allí se encuentra su casa,
su alma y su corazón.
Fuera de eso no hay nada,
solo paradas momentáneas,
solo instantes que vive como un loco,
regresando nuevamente
a su aventura más salvaje,
su verdadera pasión;
sus conferencias, sus clases,
sus proyectos, su dirección
y qué orgullo es no dormir
por estar en medio de todo esto.
Él cree que no le comprendo,
pero sí lo hago,
es feliz así, y bueno...

¿Quién necesita de algo más,
sí es pleno con su realidad?
¡Nadie!

208

Paola Maldondo

Por eso él ofrece quimeras,
suspiros y sueños irreales,
solo da el sobrante humano
y pecaminoso que lleva dentro,
saliendo cuando despierta su lujuria
Y partiendo de la cruda verdad,
solo me busca
si desea despertar su morbo.

¡Soy su ramera!
aunque suene grotesco,
esa que le da gusto en lo que pide,
deseando sentir la agonía de morir
en unos brazos envueltos de mujer,
para luego correr y huir a su estación,
a aquella que lo hace feliz.

(Él es un gigolo que me satisface mis
placeres. No me quejo)
Así que no,
no podría amar a un hombre
que sólo regala instantes,
uno que aparece cada tanto,
un ensueño que no da amor,
uno que no siente ese no sé qué,
por anhelar despertar al lado de alguien
y no al lado de qué.

No, no podría amar a un hombre así,
aunque le admire,
aunque lo anhele,

Paola Maldondo

aunque me enternezca por instantes,
aunque mi piel lo llame a gritos
y mi corazón quiera latir
cuando fugazmente lo tengo
fuera de control en mis manos.

Él un espejismo del desierto,
que me deja en medio
de una tormenta adolescente
que yo ya no quiero vivir a mis 40.

Un hombre así es un sueño
que no puedes y no debes desear,
porque nunca lo lograrás alcanzar.

El amor después de los 40
te hace cruel y despiadada,
te quita la venda del amor
y solo ves luz de realidad.
Y aunque suene cruel,
él no me ama
y yo he aprendido que el amor
es algo de dos
y si no es correspondido,
la crudeza de la edad
no me deja enamorar.
Entre los dos,
solo hay sexo y nada más.

Paola Maldonado